Nina Pauer

Wir haben keine Angst

Gruppentherapie einer Generation

FISCHER

Originalausgabe

3. Auflage Januar 2012
© 2011 S. Fischer Verlag GmbH, Frankfurt am Main

Satz: Fotosatz Amann, Aichstetten
Druck und Bindung: CPI – Clausen & Bosse, Leck
Printed in Germany
ISBN 978-3-10-060614-3

Für Ruth und Jan

Inhalt

Prolog
Wir haben keine Angst! 9

Arbeit:
Die Angst vor dem Fall 25

Liebe:
Die Angst vor dem verlorenen Ich 75

Freundschaft:
Die Angst vor dem durchlässigen Netz 107

Eltern:
Die Angst vor dem Erwachsenwerden 141

Politik:
Die Angst vor dem Statement 173

Wir sind nicht alleine:
Versuch einer Entlastung 197

Dank 199

Prolog
Wir haben keine Angst!

Wie oft soll es denn noch fünf vor zwölf sein?
Werbung für Bionade

Los ging das mit dem Nix-Passieren an dem Tag, an dem der Regen fiel. An diesem Tag im April durfte ich nicht auf den Spielplatz. Ich durfte auch nicht in den Kindergarten. Ich durfte noch nicht einmal die Wohnung verlassen. Und das alles nur, weil Schauer angekündigt waren.

»Wir können ja Gummistiefel mitnehmen?«, schlug ich meiner Mutter mit meinem Sandkasteneimer und meinen Kuchenförmchen in der Hand hoffnungsvoll vor. Für mich machte das alles überhaupt keinen Sinn. Regenwolken standen bei uns in Hamburg schließlich fast 365 Tage im Jahr auf der Wetterkarte. Meine Mutter schüttelte den Kopf. Ihre Stirn lag in tiefen Falten.

Der Regen sei sauer, erklärte sie mir ernst. Es habe da einen Unfall gegeben. Auch ich legte die Stirn in Falten, imitierte sie. Ich fand das witzig. Wieso sollte der Regen sauer auf mich sein? So ein Quatsch. Der Regen mochte uns! Wieso würde er uns sonst so oft besuchen? Und wieso sollten wir etwas mit einem Unfall zu tun haben?

»Tschernobyl«, sagte mein Vater. Es sei alles ganz furchtbar. Behutsam nahm er mir mein Spielzeug aus der Hand. Ich verstand nun noch weniger. Eigentlich nur, dass es jetzt nicht mehr angemessen war zu lachen.

Ich zog mich in mein Kinderzimmer zurück und legte Rolf Zuckowski auf. Mir war das Ganze zu blöd. Ich wollte doch nur raus und spielen! Beleidigt verkaufte ich mir selber Obst in meinem Kaufmannsladen.

Eine Stunde später begann es zu regnen. Es klingelte an unserer Haustür. Martin, seit der Krabbelgruppe mein bester Freund, wurde von seiner Mutter Barbara in unsere Wohnung getragen. Statt mich zu begrüßen, schob Barbara mich wortlos zur Seite und stürzte mit Martin auf dem Arm durch den Flur in Richtung Badezimmer. Mit ihren Straßenschuhen stampfte sie über unseren Teppich, der sonst eigentlich um Himmels willen nicht dreckig werden durfte. Meine Mutter rannte den beiden hinterher. Martin habe ein paar Tropfen Regen abbekommen, rief sie mir zur Erklärung der Hektik über ihre Schulter zu.

Ich tapste zur Badezimmertür. Martins Mama hatte das Wasser in der Dusche voll aufgedreht. Die zwei Erwachsenen stellten den für meine Begriffe komplett trockenen Martin mit all seinen Klamotten in die Badewanne, meine Mutter zog ihm noch schnell die Brille von der Nase, deren rechtes Glas mit einem runden Tierpflaster verklebt war. Dann begannen die beiden, ihn von allen Seiten abzuduschen, als wäre er eine lausbefallene Zimmerpflanze. Hysterisch versuchten sie ihn aus seinen nassen, klebenden Hosen zu pellen. Es sah lustig aus.

»Hol lieber ein Handtuch, anstatt hier so zu kichern«, sagte meine Mutter und fuchtelte in Richtung Badezimmerschrank. »Du willst doch auch nicht, dass dein bester Freund krank wird!«

Der unter der Brause durchs Wasser blinzelnde und nach Luft schnappende Martin und ich schauten uns an. Wir waren erst vier und verstanden nicht viel von der Welt. Aber so viel war klar: Unsere Mütter waren verrückt geworden. Es war deshalb besser, einfach alles zu tun, was sie wollten.

Brav kramte ich mein Lieblingshandtuch aus dem Schrank, das hellblaue mit dem Elefanten drauf, der Wasser durch seinen Rüssel spritzen ließ. Erst als er so lange trocken gerubbelt worden war, dass er überall schon ganz rot war, ließen unsere Mütter

Martin gehen und ich durfte ihn auf eine Tasse warmen Kakao zu mir ins Kinderzimmer einladen.

Wir schauten hinaus in den Regen. Sauer hin oder her, wer sollte vor diesen paar ziemlich normal aussehenden Regentropfen ernstlich Angst haben? »Niemand, niemand«, singsangte es durch unsere Köpfchen. Unbeeindruckt verkauften wir einander Obst im Kaufmannsladen.

Nach dem Tag mit dem schlechtgelaunten Regen ging alles so weiter wie immer. Es war nix passiert. Den Unfall, mit dem wir nichts zu tun gehabt hatten, vergaßen wir schnell. Wir durften wieder in den Kindergarten zurück, wir durften wieder auf den Spielplatz und draußen auf der Straße durch Regenpfützen springen.

Unsere Eltern hatten sich beruhigt. Allerdings nur vorläufig. Denn schon bald sollte es weitergehen. Wir versuchten ja, die ängstlichen Erwachsenen zu verstehen. Jedes Mal, wenn sie wieder Alarm schlugen, ließen wir uns alles genau von ihnen erklären. Nur kapierten wir leider nie allzu viel davon. Am wenigsten ihre Aufregung. Und so beschränkten wir uns darauf, das komische Benehmen unserer Eltern nur noch in seine praktischen Folgen für unsere kleinen Leben zu übersetzen.

Tschernobyl, das bedeutete auf lange Sicht eigentlich nur, dass wir auf unserem Eis keine Blaubeeren mehr vorfanden.

Smog, das hieß, dass unsere Eltern uns in dem Sommer vor unserer Einschulung am Wochenende mal zur Abwechslung nicht an die Ostsee karrten, sondern uns stattdessen im Stadtpark auf der Wiese parkten, weil das Auto stehenbleiben musste.

Das merkwürdige Wort »Raff« bedeutete, dass wochenlang so viel Tagesschau wie möglich geguckt werden musste und man dabei keinen einzigen Piep von sich geben durfte.

»Kalter Krieg« bedeutete gar nichts. Außer, dass alle sehr, sehr besorgt dreinschauten. Und viel öfter seufzten als sonst. Es gäbe

Männer, hatte mein Vater mir anfangs noch versucht zu erklären, die hätten Mittel und Wege, die ganze Welt und alle Menschen in die Luft zu jagen. Mehrmals sogar. Niemand wäre dann mehr da. Doppelt und dreifach wären alle weg. Meine Mutter verbot meinem Vater, mir das mit dem atomaren Overkill noch einmal zu erklären. Ich könnte Alpträume bekommen.

Ich bekam keine Alpträume. Ich bekam ein Pumucklrad. Und ich durfte mit Martin und seiner Mutter zum Rolf-Zuckowski-Konzert gehen. Die große Welt blieb draußen. Drinnen bei uns war alles gut.

An der Kommode auf dem Klo in unserer Wohnung hing jetzt ein gelber Sticker mit einer lustigen, roten Sonne drauf. Nach einiger Zeit hatte ich es geschafft, den Schriftzug mit meinen Patschefingern Buchstabe für Buchstabe entlangfahrend zu entschlüsseln. »Atomkraft? Nein danke.« Das Sonnengesicht war nicht nur fröhlich, sondern offensichtlich auch sehr höflich. Nein danke, ja bitte, das versuchten uns die Erwachsenen schließlich auch immer beizubringen. Die lachende Sonne wurde in dieser Hinsicht mein Vorbild.

Ich pulte sämtliche Aufkleber von sämtlichen Spüliflaschen ab und pappte sie neben die Sonne. Ein Lachgesicht zwischen vielen grünen Fröschen. Das sah schön aus.

Irgendwann bekam mein Vater von irgendeinem alten Bekannten eine riesige blaue Fahne geschenkt. Auf ihr war in Weiß der Umriss einer fliegenden Taube zu sehen. Abend für Abend trat mein Vater auf den Balkon unserer Wohnung und schwenkte die Fahne durch die Luft. Es war seine Art zu versuchen, die echten Tauben, die hartnäckig auf unserem Dach nisteten, zu vertreiben. »Pace, pace! Peace!«, brüllte mein Vater hinter ihnen her, wenn sie in alle Himmelsrichtungen davonflogen. Und freute sich jedes Mal wie ein Kind, wenn ich dazu begeistert Applaus klatschte.

Später, zum Einschlafen, las mein Papa mit mir im Hochbett

in abwechselnden Rollen Asterix-und-Obelix-Hefte. Nur bei unserer Lieblingsstelle bildeten wir einen Chor. »Beim Teutates! Solange uns nicht der Himmel auf den Kopf fällt, haben wir keine Angst!«, brüllten wir so laut wir konnten.

Weder der Himmel noch die Atombombe und auch nicht der böse Komet, den unsere Grundschullehrerin Frau Turm irgendwann einmal mit großen Augen angekündigt hatte, fielen auf die Erde und unsere Köpfe. Alles blieb friedlich. Wider Erwarten überlebten wir die Grundschule.

Auf dem Gymnasium hieß meine beste Freundin Aileen. Aileens Vater kannte sich mit Computern aus. Sie hatte deshalb sogar Internet, als Allererste von allen. Und damit auch eine eigene e-Mail-Adresse, für die sie mich auserkoren hatte, sie gemeinsam mit ihr einzurichten. Aileens Vater stand bei dieser hochspannenden Angelegenheit daneben. Er passte auf. Wir dürften bloß keine vollständigen Wörter nehmen, warnte er uns, während der Star-Trek-artige Modemkasten sich unter ohrenbetäubendem Gerausche und Gegurgel ins sogenannte World Wide Web einwählte. Alles Persönliche müsse um Himmels willen so kryptisch wie möglich verschlüsselt werden, rief Aileens Vater durch den Lärm, man würde uns sonst »hacken«! Wir rollten mit den Augen. »Nehmt was ganz Harmloses, Happy oder Sun oder so! Auf jeden Fall irgendwas Englisches«, drängte er uns. »Willkommen«, sagte die Dame von AOL freundlich.

Nach langem Hin und Her ließ Aileens Vater unseren unpersönlichen Geheimcode, AJP222fun, als einigermaßen sichere e-Mail-Adresse zu. Mit ihr konnten wir von nun an nachmittagelang ungehackt vor dem Computer hängen. Tetris spielen war gestern. Wir surften jetzt. Nur deutsche Chatrooms blieben dabei – aus Sicherheitsgründen – tabu. Unsere wahre Identität musste schließlich geschützt und die Mörder und Perversen, die Aileens Vater verdächtigte, den Chat als ihr inoffizielles Forum zur Opferrekrutierung zu missbrauchen, perfide auf die falsche Fährte gelenkt werden.

Unseren ersten Englischkenntnissen wird es sicher nicht geschadet haben, dass wir uns deshalb statt in den deutschen also in den amerikanischen Akte-X-Fanchats herumtrieben. Ob die anderen Teenies aus Florida oder New York uns wirklich glaubten, wenn wir uns, weil Aileens Vater das so wollte, als Amerikanerinnen ausgaben, war dabei egal. Es ging allein um die Wahrheit, die irgendwo dort draußen war. Und darum, wann Scully und Mulder sich endlich, endlich küssen würden. Der amerikanische X-Files-Chat war allerdings unser letzter Kompromiss. Wenn uns Aileens Vater auch dort noch mit seiner Paranoia oder den Mahnungen, es werde langsam zu teuer, zu sehr auf den Wecker ging, drehten wir kurzerhand das neue Prinzen-Album auf volle Lautstärke. Unmissverständlicher, so wussten wir, kann man niemanden aus seinem eigenen Arbeitszimmer werfen. Unsere Pubertät nahm friedlich ihren Lauf.

Nach ein paar Jahren mussten wir uns in der Aula unserer Schule versammeln. Ein Diavortrag. Zur Aufklärung gegen die vermeintlich heranrollende Panikwelle, die natürlich mal wieder niemand außer dem Lehrer kommen sah.

Wir fanden die Vorstellung wahnsinnig gewordener Kühe eigentlich weniger beunruhigend als ziemlich abgefahren. Die Frau vom Gesundheitsamt nicht. Mit einem kleinen Laserpointer unterstrich sie während ihres Vortrags hektisch die komplizierten medizinischen Abkürzungen der Infographiken, die ihr Projektor an die Wand warf.

Irgendjemand aus den höheren Klassen hatte sich vorbereitet. Auch er hatte einen Laserpointer mitgebracht. Ein zweiter roter Punkt pfuschte durch die Rinderstammbäume, tanzte auf den kranken DNS-Strängen, bis die Dame sich verhaspelte und den Faden verlor. Penetrant verharrte der Punkt nun auf ihrer Nase.

Sie räusperte sich, versuchte, zuerst den Punkt wie eine Fliege in der Luft und nebenbei auch sich selbst zu fangen. Große rote Flecken erschienen an ihrem Hals. »Sind Sie infiziert?«, rief jemand aus der letzten Reihe. Das gesamte Schülerpublikum lachte sich tot.

»Ich bitte euch ernsthaft, jetzt zuzuhören«, brüllte unser Direktor, der der Vortragenden zu Hilfe eilte. Er blinzelte in den Diaprojektor, der weißes Licht auf seine feuchte Glatze warf. Er schwitzte stark. Auf seiner Stirn erschien der rote Laserpunkt. »Mit Creutzfeldt-Jakob ist echt nicht zu spaßen, Leute«, rief er böse. Der Schweiß lief ihm von seiner gekräuselten, nassen Stirn, auf der fröhlich der rote Punkt tanzte, in die Augen. Sein Blinzeln wurde heftiger. Es sah unglaublich lächerlich aus.

Unsere Eltern fanden die Geschichte nicht so komisch wie wir. Es würde vorläufig keine Gummibärchen mehr geben, kündigten sie mit Grabesstimme an. Da könne Thomas Gottschalk noch so nett aus der Werbung lachen. Auch Steak werde uns bis auf Weiteres nicht mehr auf den Teller kommen. Und, um sämtlichen Fragen gleich vorzugreifen, nein, auch kein Corned Beef mehr im Labskaus. Nur die sauren Gurken dürften bleiben.

Wir zuckten mit den Schultern. Wenn es denn weiter nichts war! Die zum Trost von unseren Müttern besorgten, etwas muffig schmeckenden gelatinefreien Gummibärchen aus dem Reformhaus konnten wir schließlich locker links liegen lassen. Am Kiosk in der großen Pause kauften wir uns einfach ein paar Colakracher mehr.

»Sascha hat BSE!«, kreischten wir von nun an über unsere Mathehefte hinweg, unter denen die *Bravo* versteckt war, wenn einer von den Jungs mitten im Unterricht mal wieder austickte. Ansonsten blieb die Welt wieder einmal genau so, wie sie vorher war. Die Trennung von Take That hatten wir langsam, aber sicher überwunden. Philipp war angeblich in Anna verknallt. Die nächste Klassenreise sollte nach Sylt gehen.

1999, das Jahr mit der Schnapszahl, neigte sich dem Ende zu. Doch bevor es ganz zu Ende war, gegen Mitte November, begann Aileens Vater, Konserven zu kaufen. Viele Konserven. Man könne nie wissen, erklärte er uns, was bei diesem Jahrtausendwechsel passieren würde. Y2K, so hieß seine Apokalypse dieses Mal. Das war keine weitere wohlverschlüsselte e-Mail-Adresse, sondern ein extrem böser Computervirus, der die ganze Welt lahmlegen würde, genauer gesagt am 31. Dezember, um Punkt Mitternacht. Auch in den Nachrichten kam es dann irgendwann: The Millennium Bug, so nannten sie das Unheil. Wir stellten uns darunter einen großen Käfer vor. Glubschig, aber – natürlich – harmlos.

Am 30. Dezember wurde Aileen achtzehn. Die Feiern zu ihrer Volljährigkeit und zum neuen Jahrtausend sollten einen Tag später zusammen steigen. Es sollte eine coole Party werden, die trotz der Anwesenheit ihrer Eltern ins Wilde ausarten dürfe, so war die inoffizielle Ansage. Denn Aileens Eltern waren wie alle unsere Mütter und Väter in solchen Dingen am Ende eigentlich ziemlich entspannt.

Doch an den letzten Tagen des alten Jahrtausends galten offensichtlich andere Regeln als sonst. Wer bei Aileens Party nach dem Flaschendrehen noch heimlich weiterknutschen wollte, musste erst einmal einen Verbotsparcour an Schildern, die Aileens Vater an die Zimmertüren gepinnt hatte, überwinden. Die Speisekammer war tabu, denn dort standen ja die Essensvorräte für den Untergang bereit. Dasselbe galt für den Balkon. Und fürs Arbeitszimmer.

Die größte Sperrzone aber war das Badezimmer. »Zutritt verboten!!!«, stand auf einem DIN-A4-Papier an der Tür. Aileens Vater hatte diese schlichte Beamtendeutsch-Ansage zwar etwas für die jungen Leute aufzupeppen versucht, indem er WordArt bemüht hatte. Ein spaciger Schatten stand hinter jedem der regenbogenfarbenen Buchstaben, die Worte bildeten einen dynamischen Halbkreis. Aber leider wirkte es alles andere als peppig. Es wirkte ultra-krampfig. Und es konnte nur schiefgehen.

Bereits am Nachmittag hatte Aileens Vater die Badewanne bis zum Anschlag mit Wasser volllaufen lassen. Sollte die Apokalypse um Mitternacht schlagartig den Beginn des Jüngsten Tages der Menschheitsgeschichte einläuten, könnte man auf diese Weise immerhin noch mit einem Glas Badewannenwasser anstoßen, bevor alle dem Verderb entgegenschreiten würden.

Entgegen allen Befürchtungen stießen wir um zwölf stinknormal mit Sekt an. Dir Katastrophe blieb aus. Zumindest die große. Maurice und Kathi, denen der Sekt zu Kopf gestiegen war, hatten die Verbotsschilder ignoriert und kurzerhand das Bad besetzt. »Mach das Licht aus«, hatte Kathi Maurice vielsagend zugeraunt, weil sie am Tag zuvor in der Fotolovestory gelesen hatte, dass es so romantischer wäre. Die beiden waren bei ihren immer wilder werdenden Heavy-Petting-Aktionen kopfüber in der Badewanne gelandet. Mit der Romantik war es schlagartig vorbei. Genau wie mit der Geduld von Aileens Vater. Unsere Party war gelaufen.

Erst nachdem die ersten Stunden des Millenniums ruhig ins Land gegangen waren, durfte Aileen am zweiten Tag ihres neuen Lebensjahres wieder in einer leeren Badewanne duschen. Und sie durfte sogar die Glückwünsche, die unsere neuen Freunde aus Florida und New York ihr per e-Card geschickt hatten, abrufen. Denn einmal mehr war rein gar nix passiert. Und irgendwie hatten wir es fast geahnt.

Für uns war der Jahrtausendjahreswechsel eigentlich nur ein Anlass gewesen, einmal richtig auszumisten. Die peinlichen alten Maxi-CDs von Ace of Base und der Kelly Family wanderten in die Kiste für den Flohmarkt, in der schon die gesammelten Pop/Rocky-Ausgaben der letzten Jahre vergilbten. Die Nick-Carter-Poster verschwanden von den Wänden. Wir gingen jetzt aufs Coldplay-Konzert.

Und wir weigerten uns, gemeinsam mit Aileens Eltern und ihrer kleinen Schwester gegen den gehorteten Konservenbüchsenberg anzuessen. Nicht nur, weil wir wegen unserer ersten Diät gerade nur noch Reiskekse, rohe Karotten und Philadelphia Magerstufe aßen. Die Ängstlichen sollten ihre Paranoia-Suppe schön alleine auslöffeln.

Wir, wir hatten keine Angst.

Die folgenden Jahre plätscherten so dahin. Wir machten unsere Führerscheine und Abiture, wir verliebten und trennten uns zum ersten Mal. Wir korrigierten die Verweigerungsschreiben der Jungs für den Zivi und fingen an, Germanistik oder irgendetwas mit Medien zu studieren.

Mit der Welt ging es nebenher fröhlich weiter den Bach runter. Die Apokalypsen grüßten in regelmäßigen Abständen. Doch von all den vermeintlich großen Zerstörern, die die Jahre brachten, sind uns nur die Namen im Gedächtnis geblieben. Mal hießen sie internationaler Terrorismus und Finanzkrise, dann Linkspartei, H1N1, Dioxin, studiVZ und Facebook, später Vogel- oder Schweinegrippe. Am Ende hat keiner von ihnen uns auch nur ein Haar gekrümmt. Niemand hat uns in die Luft gesprengt. Das Internet hat ebenso wenig unsere Seelen gestohlen, wie unsere Körper von mutierten Viren dahingerafft worden sind. Und aus dem EC-Automat kamen immer noch ein paar Scheine.

Noch bevor der erste Experte letztes Jahr auch nur ansetzen konnte zu erklären, dass die unsichtbare Aschewolke über unseren Köpfen ungefährlich sei, wussten wir deshalb schon: Sie würde niemandem etwas tun.

»Schon krass«, sagten wir zwar, als irgendwann Griechenland pleiteging, und schwiegen danach einen Moment lang, weil uns das angemessen schien. Dabei dachten wir eigentlich nur an eisgekühlten Ouzo und die süßen weißen Häuschen an der Strandpromenade von Mykonos. Denn nächstes Jahr, wenn wir dort Urlaub machen würden, würde ja sowieso alles wieder vergessen sein.

Sämtliche Katastrophen prallten auf diese Weise an uns ab wie saure Regentropfen an sicher gefetteten Fischermänteln. Und für den unteren Rest der Bedrohungsmatsche hatten wir immer noch unsere dicken Gummistiefel der Ignoranz an.

Normalerweise warten wir, unserem Anstandsgefühl folgend, das natürliche Ablaufdatum einer jeden neuen Katastrophe ab, bis wir sie als nächste überkommene Phobie in die Abfallhalde durchwinken. Etwa ein bis zwei Wochen, je nach Anlass, dauert es, bis die Katastrophenstimmung durch die allerseits einsetzende mediale Abstumpfung etwas abgeklungen ist und wir den Panikschrott endlich in die Tonne treten können.

Ein Ende ist dabei kaum abzusehen. Stetig erreicht neu aussortiertes Panikmaterial das Endlager der falschen Alarme. Die Deponie der überkommenen Ängste ist mittlerweile schon zu einer richtig beachtlichen Landschaft gewachsen. Neben Tonnen von Separat- und Gammelfleisch trifft man dort alle alten, fast schon vergessenen Bekannten wieder. Die traurig verendete Big-Brother-Paranoia zum Beispiel. Still beschienen von krebserregenden Handystrahlen liegt sie auf einer irreal neongrün schimmernden, weil pestizidverseuchten Wiese. Ihr Anblick könnte fast friedlich wirken. Wäre da nicht das zufriedene Schmatzen der fiesen kleinen Glutamate, die sich durch das Aas ihres einst von kollektiver Furcht gestählten Körpers fressen.

In einer anderen Ecke der alten Wahnvorstellungshalde führen biometrisch bereits pränatal bestens von bösen Menschenzüchtern dokumentierte Stammzellenklone wankend einen gespenstischen Totentanz auf. »Dieter Bohlen for President!« und andere Parolen der selbst-entfremdet-konsumgesteuerten Spaßgesellschaft, die sie vor langer Zeit verstoßen hat, grunzen sie dabei braindead, im feinsten denglischen Verblödungsjargon, vor sich hin. Ab und zu stolpern die mutierten Aliens dabei über alte Geröllhaufen der kaputten deutschen Sprache. Lange kaputt gesimst liegt sie in Splittern am Boden, gleich neben dem ebenso lang schon regungslosen Grausen der Rechtschreibreformgegner.

Dann freuen sich die Klone. »Komasaufen«, grölen sie euphorisch und stoßen mit ihren Alkopops an. Ihr martialisches Lachen hallt durch die verstrahlte Atmosphäre. Schadenfreude ist das Einzige, was sie noch fühlen können. Aber wem würde das nach jahrelanger emotionaler Verrohung vom vielen Töten in den Parallelwelten von World of Warcraft anders gehen?

Um die Müllwelt der toten Paranoia wachsen groteske Schuldenberge. Immer höher türmen sie sich in den CO_2-verpesteten Himmel. Müde sitzt eine Kleingruppe Datenschutzphobiker an der Straßenecke und winkt ab und zu ermattet dem vorbeirollenden Satellitenauto hinterher, das die Szenerie mit der komplizierten Laservermessungstechnik seiner Weitwinkelkameras für Google Street View ablichtet. Im Stakkato-Rhythmus einer alten scheppernden Alarmanlage wiegen sich vereinzelte Mitglieder des abgehängten Zombieprekariats von Volkszählungsparanoikern hospitalistisch am Boden hin und her.

Zugegeben: Es ist eine etwas trostlose Welt, in die wir die Paranoiaveteranen da entlassen. Sie können einem schon leidtun, die sich dahinschleppenden Haldengestalten, wie sie dort ihr Dasein fristen. »Aber, hey«, will man den Mutanten aus der angstfreien Zone zurufen, »das wird schon wieder, Jungs! Bald kommt wieder Leben in die Bude! Spätestens 2012 gibt's wieder Nachschub, der euch sicher aufmuntern wird. Dann wird eine Ladung frisch-desillusionierter Inkageister sich vor euren Augen gegenseitig die Köpfe einschlagen. Weil es bei denen nach ihrer falsch berechneten Weltuntergangsprognose natürlich mal wieder niemand gewesen sein will.

Und bis dahin, hier, spielt doch 'ne Runde Eierlaufen mit den Dioxinhühnern! Uns interessieren die nämlich nicht.«

Ganz leise ahnen wir, dass unsere jahrelang eingeübte völlige Angstbefreitheit ein bisschen naiv ist. Doch irgendwie schaffen wir es einfach nicht mehr, uns ernstlich zu fürchten. Im Gegensatz zu unseren Eltern haben wir keine plastischen Eindrücke als

Beweis für die Möglichkeit von körperlicher Versehrtheit vor Augen. Die »appen« Arme der Väter unserer Väter und ihr reflexartiges Vorbereiten auf den Untergang bei politischen Gewitterlagen können wir höchstens noch nachvollziehen, aber nicht mehr verstehen. Wir glauben einfach nicht daran, dass es je wieder so kommen könnte wie bei unseren Großeltern, die noch Jahrzehnte später geschockt wiederholten: »Wir hatten ja nichts.«

Wir hatten immer alles. Der Rahmen unserer Welt ist die Sicherheit. Unsere Eltern, der Wohlfahrtsstaat, die Demokratie, die Bundeskanzlerin. Alle waren und sind sie immer da. Einer von ihnen hat es immer noch gerichtet und wird es deshalb in Zukunft auch jedes Mal wieder richten. Für uns ist Gefahr damit zu etwas Kalkulierbarem geworden, Unsicherheit ist in errechnetes Risiko übersetzbar, dem man sich immer irgendwie entziehen kann. Zwar interessieren uns das politische Geschehen und die Tragödien der Welt. Wenn es um Flut-, Tsunami-, Erdbeben- und Hungersnotopfer oder Kriege geht, ist unsere Betroffenheit nicht gespielt. Allein das Gefühl, dass es uns, wenn wir zu Hause bleiben, nie persönlich erwischen wird, sitzt zu tief, als dass wir uns wirklich mit den Gefahren der Welt in eine emotionale Verbindung versetzen könnten. Von der zeitlichen Ebene (es war und kann wiederkommen) haben wir die Angst auf eine örtliche Dimension verlagert. Die Taliban sind immer anderswo.

Die Welt könnte uns zu unserem abgeklärten Sicherheitsempfinden beglückwünschen. Mit uns hat die Bundesrepublik es nun also endlich geschafft, Kinder heranzuziehen, die vor kollektiven Hysterien ebenso unbeeindruckt stehen wie vor utopischen Verführungsangeboten und falschen Aufgeregtheiten. Bessere Vertreter als uns, die den Glauben an den Rechtsstaat, die freien Medien, das demokratische System und die Menschenrechte als etwas so Naturwüchsiges verinnerlicht haben wie die Mülltrennung, lassen sich nicht finden.

Mit uns ist die große Angst verpufft.

Und wir können uns endlich uns selber zuwenden. Nur genau da, bei uns selber, treffen wir sie wieder. Wie tief verängstigt wir sind, merkt man uns nur deshalb nicht gleich an, weil wir nicht darüber sprechen.

Und auf den ersten Blick würde man von uns auch nicht denken, dass wir großartig Sorgen hätten. Denn wir sind lässig. Wir sind ironisch. Und wir sind nett. Wir haben schöne Bildungsabschlüsse. Wir sehen gut aus. Und sind trotzdem bescheiden. Wir haben tolle Freunde. Wir verstehen uns gut mit unseren Eltern. Wir können fließend Englisch sprechen und mit Computern umgehen. Und wir sind lieb zu Tieren. Eigentlich ist bei uns also alles in bester Ordnung. Eigentlich.

Denn irgendwas fühlt sich merkwürdig an. Irgendwas ist irgendwie nicht ganz richtig, ist irgendwie nie ganz richtig. Hinter unseren Hornbrillen sind wir gar nicht sooo entspannt, wie wir immer tun. Es ist mehr so eine nebulöse Angelegenheit. Es handelt sich dabei um etwas, das irgendwo, tief unter unseren Trainingsjacken, nervös vor sich hin zittert. Manchmal mehr, manchmal weniger stark, aber doch die ganze Zeit. Es lässt uns keine Ruhe. Und egal, wie laut wir unsere iPods drehen, wir hören es trotzdem noch. Was genau das für ein Tinnitus sein könnte, der unseren Gleichgewichtssinn da stört, wissen wir nicht. Die anderen scheinen ihn nicht zu hören. Sie scheinen nicht zu merken, wie schwindelig uns wegen ihm oft wird.

Und das ist eigentlich auch ganz gut so. Denn wir wollen eigentlich gar nicht darüber sprechen. Es scheint uns zu intim. Es geht nur uns etwas an. Und überhaupt ist das Gefühl viel zu schwammig. Mit dem Finger können wir zumindest nicht auf unser Leiden zeigen.

Umso schlimmer, wenn man versucht, uns von außen zu fassen zu kriegen. Ab und zu versucht es mal wieder jemand. Wir werden dann Generation Praktikum genannt. Generation Facebook. Oder Generation Bionade. Es wäre wirklich schön, wenn wir sowas nicht mehr hören müssten. Unseretwegen könnte sich der Generationsbegriff getrost gehackt legen. Und zwar ein für alle Mal. Denn wir, wir sind die Generation Garnichts.

Und jetzt lasst uns bitte in Ruhe. Wie es in uns aussieht, das versteht ihr nämlich sowieso nicht.

Man muss nicht Freud sein oder diesen C. G. Jung, oder wie der noch gleich hieß, gelesen haben und erst recht kein Psychologiestudium absolviert haben, um zu wissen, dass man mit so einer Abwehrhaltung allerdings auch nicht wirklich weit kommt. Natürlich wissen wir das auch. Wie das Zauberwort heißt, steht schließlich in jeder Frauenzeitschrift: *Thematisierung.* Nur wenn man immer schön *thematisiert,* also offen über etwas spricht, weiß man, was mit einem los ist. Und was man dagegen tun kann. Einsicht ist der erste Schritt zur Heilung. Wissen wir alles. Und stimmt ja auch sicher. Bislang haben wir uns halt eben einfach nur nicht getraut.

Aber vielleicht sollten wir uns ja wirklich einmal zusammensetzen. Jetzt ernsthaft. Und zwar alle zusammen, zu einer großen Gruppentherapie. Um endlich einmal richtig schön alles zu thematisieren. Um dorthin zu schauen, wo es am lautesten rauscht. Dorthin, wo es am meisten weh tut. Damit wir endlich wissen, was mit uns los ist. Zu verlieren haben wir ja eigentlich nichts.

Außer vielleicht unserer Angst.

Arbeit:
Die Angst vor dem Fall

Ich habe heute leider kein Foto für dich
Heidi Klum

Willkommen in unserer Show. Willkommen beim größten Casting, das die Welt je gesehen hat. Willkommen zum irrsten Format ever. Willkommen zu der Sendung, die alles toppt, was an Reality-TV bisher ging. Willkommen zu Germany's Next Selbstverwirklicher. So heißt unser geiles Quiz. Das Geile daran: Es läuft unser ganzes Leben. Live und in Farbe. Und das Allergeilste daran: Wir sind nicht nur die Kandidaten. Wir sind auch die Jury. Wir sind Heidi. Wir sind Dieter. Wir sind es, die die Fotos vergeben. Wir sind es, die die Recall-Zettel verteilen. Nur dass wir dabei sogar noch viel fieser gucken und sogar noch gemeinere Sprüche als die Originale reißen. Beim Casting, bei dem wir nach uns selbst suchen, sind wir hammerhart zu uns. Denn wir wollen alle ins Finale.

Gleich unser erster Angstmacher, die Arbeit, spaltet uns in zwei Gruppen. Wir sind entweder permanent geburnoutet. Oder lethargisch. Wir sind getrieben. Oder gelähmt. Wir geben alles. Oder gar nichts.

Die Extrempole auf diesem unserem Spektrum heißen Anna und Bastian. Wir alle kennen die beiden. Wir alle sind ein bisschen so wie sie. Oder stehen irgendwo dazwischen. Und können uns nicht entscheiden. Wir kennen Anna und Bastian schon lange. Mit beiden sind wir zur Schule gegangen.

Anna war das Mädchen, das vor und nach der Klassenarbeit

jammerte, dass sie sicher eine Fünf schreiben werde. Die, die eine Woche später mit einer Eins plus unter ihrer Arbeit dasaß und überwältigt stammelte: »Das hätte ich jetzt wirklich nicht gedacht, wirklich nicht, diesmal *echt* nicht!«

Anna war immer gut in allem. Sie brauchte keine hässliche feste Zahnspange, sie hatte immer gesundes Pausenbrot mit, sie hatte ein hübsches Gesicht und süße Grübchen. Sie sagte höflich »Nein, danke«, wenn man ihr Schokolade anbot. Sie hatte jeden zweiten Tag selber eine Milchschnitte mit. Und wenn sie die aß, sah sie sogar noch besser aus als Anke Huber in der Werbung. Sie sah aus wie Steffi Graf: rein, gesund, sportlich. Und das lag nicht nur daran, dass Anna natürlich auch Tennis spielte.

Anna war immer schön angezogen, hatte einen feschen Pferdeschwanz, sie roch gut, nach Oilily und Tommy Girl und sie hatte schöne Schulsachen. Die guten Tintenkiller, den schönsten Lamy und ein sauber strukturiertes Hausaufgabenheft. Anna ordnete ihre Stifte nach Farben. Anna wollte immer alles richtig machen. Und sie machte immer alles richtig. Von Barrenturnen bis Bruchrechnung steckte sie sich ihre Ziele hoch und erlaubte sich keinen Fehler. Wenn sie doch einen beging, tat sie so, als würde es ihr nichts ausmachen. Aufmerksam nickte sie, wenn die Lehrer ihr ihre kleinen Schönheitsfehler erklärten, um der Fairness halber auch mal bei ihr etwas zu kritisieren.

Später, nachmittags, weinte Anna deshalb allein in ihrem Zimmer. Und lernte danach so lang, bis sie sicher war, dieses Mal alles perfekt draufzuhaben. Die Angst vor der Fünf ging allerdings auch davon nie ganz weg.

Anna war keine Streberin. Sie war auf ihre eigene Art cool. Sie konnte echt lustig sein. Nicht umsonst war sie Klassensprecherin.

Annas Vater war Professor, ihre Mutter Lehrerin. Anna war Einzelkind. Aber kein verzogenes. Sie guckte für ihr Alter eben nur etwas zu ernst.

Anna lief später an der Uni oft an uns vorbei. Sie war immer gerade auf dem Sprung, noch etwas kopieren, etwas abgeben. Sie machte eine hektische Handbewegung, ihre Hand wedelte um ihren Kopf, Anna rollte mit den Augen, es sollte heißen, dass sie grad total überfordert mit dem Tag war. »Wir telefonieren, ja?«, rief sie und lachte uns offen und herzlich an. Wir gingen selten mit ihr Kaffee trinken. Weil sie immer wieder abtauchte. Nur auf den Uni-Partys konnte man sie manchmal zu fassen kriegen. Dann erzählte sie von ihren diversen coolen Auslandssemestern und Praktika. Von all den Steinen, die sie überall im Brett hatte. Nur dass sie es natürlich viel eleganter verpackte. Denn Anna war immer noch bescheiden. »Ach, is' jetzt auch egal«, lachte sie, nachdem sie die jetzigen und zukünftigen perfekten Lebenslaufpunkte heruntergerattert hatte, und betrank sich mit uns. Danach sah man sie wieder monatelang nicht wieder.

Anna studierte schneller, als die Regelstudienzeit es verlangte. Sie hatte drei Hiwijobs zur freien Auswahl, die Profs waren allesamt ihr und den brillanten Gedankengängen in ihren Seminararbeiten verfallen, Annas Magisterarbeit wurde in einem Sammelband veröffentlicht, sie konnte sich vor Lob kaum retten. Nur sie selber hatte immer noch Angst davor, eine Fünf zu schreiben. Aber das merkte man ihr schon lange nicht mehr an.

Wir sind mit Anna bei Facebook befreundet. Dort können wir ihren Aufstieg weiterverfolgen. Sie ist jetzt Junior Assistant in einer Werbeagentur. Sie hat 631 Freunde. Und sieht auf jedem Bild ausgeschlafen aus. Anna ist perfekt.

Bastian hat immer noch dieselbe wirre Frisur wie in der dritten Klasse. Er guckt auch immer noch genauso verquer wie damals. Sein Lächeln ist allerdings fast noch süßer geworden. Bastian hat noch nie eine Eins geschrieben. Trotzdem oder gerade deshalb haben ihn in der Schule alle geliebt. Bastian sei »plietsch«, sagten die Lehrer. Nur eben ein Chaot. Sie lachten.

Bastians Eltern zuckten mit den Schultern. So war er schon

immer, grinsten sie und wuschelten ihm über den Kopf. Bastians Vater war Professor, seine Mutter Lehrerin. Er hatte noch einen älteren Bruder, die beiden tobten eine Zeitlang zusammen im Garten, dann verloren sie das Interesse aneinander und gingen komplett unterschiedliche Wege.

Bastian war alles andere als blöd. Er funktionierte wie ein Streichholz: Er brannte für eine Idee, einige Sekunden lang, dann war er schon wieder woanders, beim nächsten Gedanken, beim nächsten Lieblingssport, beim nächsten Lieblingsfach. Und zwischen den ihn begeisternden Feuern und Flammen träumte er manchmal tagelang aus dem Fenster. Er sah süß aus dabei.

Wenn Bastian in der Schule störte oder versagte, konnte keiner ihm böse sein. Wenn die Lehrerinnen mit ihm schimpften, lachte er sie offensiv an. Seine Augen blitzten dabei. Er war einfach zu liebenswert, um mit ihm zu schimpfen. Und zu gut. Ein paar Wochen lang leitete Bastian die gesamte Schülerzeitung alleine, er spielte die Hauptrolle im Schultheater und gewann die Bundesjugendspiele, ohne vorher länger als eine Woche trainiert zu haben.

Alle Mädchen waren in ihn verliebt, und seine Geburtstage waren die coolsten. Dort stopfte Bastian sich so viel Hubba Bubba in den Mund, wie er konnte, blies die größte Blase von allen und lachte, wenn sie zerplatzte und die pinke zweite Haut seine Wuschelkopfhaare verklebte.

Obwohl er auf den letzten Metern vor dem Abi noch mal alle Rekorde in Schulverweisen und Fehlstunden zu toppen versuchte, trafen wir Bastian an der Uni wieder. Er war überall. Jeden Tag winkte er vor irgendeinem Gebäude, durch die Mensa oder die Cafeteria. Er war immer umgeben von tausend Leuten, er kannte jeden und hatte immer Zeit und Lust auf einen Kaffee. Im Seminar redete er viel, er machte Witze, die sogar der Prof ganz lustig fand, weshalb Bastian seine Hausarbeiten auch immer drei Monate später abgeben durfte als alle anderen.

Bastian funktionierte noch immer wie ein Streichholz: Ein paar Wochen schmiss er den gesamten Fachschaftsrat, organisierte Diskussionen über die Umstrukturierungsmaßnahmen der Diplomstudienordnung, schob drei Bierschichten auf der Semesterparty und veranstaltete Grillpartys am Badesee mit den Erasmusstudenten. Die Austauschstudentinnen, die, während sie mit ihm abstürzten, begeistert durch seine Wuschelkopfhaare strichen, wurden dabei von mal zu mal hübscher.

Wir sind nicht mit Bastian bei Facebook befreundet. Denn Bastian ist nicht bei Facebook. Er ist in Südamerika. Und dort hat er sein Handy aus. Oder kein Guthaben mehr. Bastian ist alles andere als perfekt.

Unser geiles Quiz basiert auf der allgegenwärtigen Angst davor rauszufliegen. Der Angst, nicht in hohem Bogen, sondern sang- und klanglos einfach zu verschwinden, weil wir plötzlich einfach nicht mehr gefallen. Und deshalb schlagartig abrutschen, hinabschliddern, uns an nichts und niemanden mehr halten können, dass wir frei fallen, nach unten, bis nach draußen, über den Rand hinaus. Dorthin, wo die Grenze von den Coolen zu den Uncoolen, von den Straighten zu den Herumkrebsenden, von den Selbstverwirklichern zu den Selbstverfehlern, von den Glücklichen zu den Resignierten, von den Gebrauchten zu den Überflüssigen verläuft. Dort, wo all die gelandet sind, die auf dem Markt der unendlichen Möglichkeiten irgendwann nicht mehr mitgekommen sind. Dort, wo die Aussortierten ihr Dasein fristen. Die Rausgewählten. Die, die es nicht in den Recall geschafft haben. Die, bei denen die Kamera nur noch von dramatischer Musik untermalt den Rücken beim Abgang filmt, bevor das Bild schlagartig abbricht. Weil alle wissen, dass man sich den Namen dieses krassen Losers, der da nach Hause fährt, auch nur eine Sekunde länger merken müsste.

★

Anna starrt auf das Bücherregal. Herr G. sitzt ihr gegenüber auf einem Sessel vor seiner Bibliothek. Er blickt an ihr vorbei aus dem Fenster. Er wartet auf Annas Antwort. Aber Anna schweigt. Sie tastet lieber die Büchertitel auf der Höhe von Herrn G.'s Schultern mit den Augen ab. »Lexikon der Psychologie«. »Das erschöpfte Selbst«. »Und Nietzsche weinte«. »Das Wunder der Achtsamkeit«. »Psychotherapie: Eine erotische Beziehung«.

Anna hat keine erotische, sondern noch gar keine Beziehung zu Herrn G. Der Therapeut, zu dem auch die Tochter der besten Freundin ihrer Mutter geht und deren Empfehlung sie gefolgt ist, ist ihr noch etwas suspekt. In penetrant buddhistischer Ruhe schaut dieser Mensch aus dem Fenster auf die bunt strahlenden Kastanienbäume des Berliner oder Hamburger Herbstes, unter denen die Prenzlauer Berger oder Sternschanzianer ihren Kaffee im Freien trinken. Vielleicht stehen die Bäume, auf die Anna schaut, auch in Köln, München oder Frankfurt. Eigentlich egal, jedenfalls scheint es, als würde Herr G. es mühelos fertigbringen, auf ihre Antwort zu warten, bis alle Blätter und alle Kastanien am Boden liegen und man den Atem der Cafébesucher in der Schneeluft des Winters sehen kann.

Ob sich das nebulöse, unter der Oberfläche nervös vor sich hinbrodelnde Gefühl, das sie zu ihm geführt hat, irgendwie mit Worten beschreiben lässt, hatte er von Anna wissen wollen. Anna seufzt. Eigentlich hat sie überhaupt keine Zeit für diesen Psychokram. Eigentlich hat sie gerade total viel zu tun. Sie denkt an alle verpassten Anrufe, die ihr seit zehn Minuten lautlos in ihrer Tasche liegendes iPhone mittlerweile gesammelt haben dürfte. Sie hält diese Stille hier drinnen nicht aus. Anna hibbelt mit den Füßen.

»Das habe ich doch gerade eben schon gesagt«, sagt sie klar und verständlich. »Mir wird alles zu viel. Der Druck macht mich einfach fertig.«

Herr G. wendet sich Anna zu. Von irgendwo ganz weit weg

scheint er zu ihr in den Raum zurückzukommen. Er schaut seine neue Patientin offen an. »Sie sind jetzt siebenundzwanzig Jahre alt, stimmt das?«

Anna nickt.

Herr G. lächelt. Die Falten um seine Augen sehen unfassbar freundlich aus. Schüchtern versucht Anna zurückzulächeln. Das Lächeln wird schräg. Sie fühlt sich nicht wie eine siebenundzwanzigjährige Frau, sondern wie ein kleines Mädchen. Sie zuckt mit den Schultern. »Ich bin eben einfach furchtbar gestresst.«

★

Bastian ist einer derjenigen, die sich bei unserer Show beim Casting aus Angst vorm Scheitern noch nicht einmal trauen, zum Vorsingen anzutreten. Natürlich sieht er das komplett anders. Er ist einfach noch nicht so weit, meint er. Er muss noch ein bisschen an seinem Song feilen, die Lyrics stehen, aber der Beat sollte noch mal neu gemischt werden. Er will sich Zeit nehmen, sagt er. Bis der Sound perfekt ist. Darunter geht nichts, vorher stellt sich Bastian auf keine Bühne und macht sich zum Volldeppen. Er bleibt deshalb einfach sitzen, wenn er aufgerufen wird. Stoisch, selbstbewusst und scheinbar tiefenentspannt winkt er ab. »Next time«, sagt er lässig.

Mit Angst hat das für ihn nichts zu tun. Es geht eben um nichts Geringeres als seinen ganz eigenen Stil. Es geht um Perfektion.

Noch bekommt Bastian jede Runde wieder eine neue Nummer zugeteilt. Weil er der Praktikantin, die die Castings mitorganisiert, so überzeugend schwören kann, dass er beim nächsten Mal auf jeden Fall endlich zeigen wird, was er drauf hat. Weil es sich sehr glaubhaft anhört, wenn er das sagt. Und weil Bastian einfach ein sehr fotogenes Lächeln hat. Zehntausende Teenieherzen könnten diesem Lächeln zufliegen. Er verdient seine Chance.

★

Anna steht geschniegelt in der ersten Reihe. »Ready zum Performen?«, fragt der Aufnahmeleiter sie. Anna nickt entschlossen. Sie ist professionell. Sie gehört zu den Favoriten. Und sie weiß es.

In jeder neuen Staffel gibt Dieter Anna den Zettel zum Recall schon, bevor sie den Mund überhaupt aufgemacht hat. Wenn sie vor ihn tritt, lächelt sein dunkelbraun-ledernes Gesicht bis in die letzte Lachfalte in entzückter Entrückung. Dabei ist sie mit ihren dunkelblonden Haaren äußerlich eigentlich gar nicht so der migrantische Naddel-Typ, den er eh immer schon aus Prinzip weiterlässt.

Es liegt einfach daran, dass Anna es kann. Dass sie es voll drauf hat, dass alles passt. Dass sie das Gesamtpaket hat. Und vor allem genau kapiert hat, was hier gesucht wird.

Heidi quietscht vor Freude, wenn sie Anna ihr Foto überreicht. Vielleicht sieht sie ein Stück von sich in ihr, könnte man fast meinen, denn so viel Prozent Natürlichkeit sind wirklich selten in ihrem Lächeln zu erkennen. Das Einzige, was Heidi Anna beim sonst weitaus unterkühlteren Küsschen-Küsschen noch als Verbesserungsvorschlag ins Ohr schmatzt, ist, dass sie noch ein bisschen am Ausdruck in ihren Augen arbeiten könnte. Der sei irgendwie noch ein bisschen zu ängstlich. Und Angst will man ja auf dem Catwalk schließlich mal so gar nicht sehen, zwinkert Heidi. Angst ist unsexy, lacht sie. Anna lacht mit.

*

Bastian traut sich nicht hochzuschauen. Herr G. sagt, wenn er mit ihm zusammenarbeiten wolle, sollte er in Zukunft besser pünktlich sein. Er sagt es nett. Bastian starrt trotzdem auf den Boden. Regenwasser tritt aus seinen kaputten alten Asics-Schuhen und färbt die Fasern des Teppichs dunkel.

Herr G. spricht genau so psychologisch wertvoll mit ihm wie die Lehrer, wenn sie ihm erklärten, dass er bei einer weiteren Fünf versetzungsgefährdet sein würde. Dass sie ihn gerne behalten würden, weil er ein echt feiner Kerl sei. Dass er es selber in der Hand hat.

Bastians beste Freundin Bille hat ihn zu diesem Heini geschickt. Billes Mitbewohner ist auch bei G. und ganz begeistert. Bastian ist der Typ auf den ersten Blick eher suspekt.

Er seufzt. Eigentlich hat er überhaupt keine Lust auf diesen Psychokram. Er braucht das nicht. Er würde eigentlich gerade viel lieber zu Hause auf dem Sofa sitzen und fernsehen. Rauchen. Lesen.

Bastian denkt daran, wie Bille jetzt sagen würde, dass es nicht immer darum gehen könne, was er gerade will oder nicht will. Und daran, dass er noch einkaufen muss. Sein Kühlschrank ist leer.

Der Psycho-Onkel lächelt debil aus dem Fenster. Warum Bastian hier sei, hat er wissen wollen. Es scheint, als hätte der Typ Nerven aus Stahl. Als sei er irgendwo hingegangen, an einen geheimen Ort in seinem Kopf, wo es komplett egal ist, ob Bastian jetzt oder erst in zehn Jahren antwortet. Bastian hält die Stille nicht aus. Er hibbelt mit den Füßen.

»Das habe ich doch gerade eben schon gesagt«, murmelt er kaum verständlich. »Mir wird alles zu viel. Der Druck macht mich einfach fertig.«

Herr G. wendet sich Bastian zu. Von irgendwo ganz weit weg kommt er zu ihm in den Raum zurück. Er schaut Bastian offen an. »Sie sind jetzt einunddreißig, stimmt das?« Er lächelt. Die Falten um seine Augen sehen unfassbar freundlich aus.

Bastian nickt. Er versucht, zurückzulächeln. Schüchtern. Es wird ein schräges Lächeln. Bastian fühlt sich nicht wie ein einunddreißigjähriger Mann, sondern wie ein kleiner Junge. Er zuckt mit den Schultern. »Ich krieg einfach nix auf die Reihe.«

★

Die farblosen Normalos sitzen backstage in der Umkleide. Zwischen den Stühlen. Sie fühlen sich fehl am Platz. Verwirrt schauen sie die sich selbst kasteienden Favoriten an, die heimlich hinter der Spindreihe weinen und sich einbilden, keiner bekäme es mit. »Reiß dich zusammen«, fahren die Topkandidaten sich selbst an. Schluchzend geloben sie sich noch härteres Training und streichen sich erst mal die Mittagspause und das Abendbrot.

Konfus blicken die soliden Mittelfeldkandidaten von diesen kaputten Stressern weiter zu den Hängern, die in der Ecke auf dem Boden noch immer gedankenverloren auf ihrer Gitarre schrammeln. Am laufenden Band vergessen sie die einzigen zwei Sätze ihres englischen Songtextes.

»Mein Gott, kann der Typ sich nicht vielleicht endlich mal seine verdammte Zeile merken?«, zischt die Favoritin aggressiv von hinter dem Spind. »So schwer kann das doch nicht sein, ey!«, ruft sie durch die Umkleide. Sie wischt sich den letzten Schnodder von der hübschen Stupsnase und versucht, ihr zerflossenes Make-up zu richten. »Wo hat Boris schon wieder das verdammte Mascara versteckt?«, murmelt sie genervt und versucht, auf ihren Fünfzig-Zentimeter-Absätzen den Boden der Umkleide nach der Schminke abzusuchen. Sie sieht sich im Spiegel. Geschockt schlägt sie sich die Hand vor den Mund. Das Gesicht der Topkandidatin ist zu einer verheulten Angstfratze entstellt. »O Gott«, entfährt es ihr. Sie sieht alles andere als happy und massentauglich aus. So komme ich nie auf den Titel der deutschen Vogue und gewinne Werbeverträge im Wert von 500 000 Euro, jagt es ihr durch den hübschen Kopf. In diesem Moment brechen auch noch die Absätze unter ihren Füßen weg.

Der Hänger lacht hinter seiner Gitarre. »Ist doch gut, wenn du mal runterkommst, Beautyqueen«, höhnt er. »Du bist doch eh schön! Ganz so wie du bist!«

Die Normalos finden das alles krank. Nachdenklich blicken sie auf ihren Recall-Zettel. Wie viele Runden werden sie wohl noch mitkommen, wenn sie nicht so werden wollen wie diese Freaks? Müssten sie nicht auch viel härter arbeiten? Müssten sie nicht auch viel mehr Charakter zeigen? Graue Mäuse will niemand performen sehen. Langsam bekommen auch sie Angst vor dem Auftritt.

*

Anna klebt der Stress an den Hacken wie ein zweiter Schatten. Wir, die wir ein bisschen so sind wie sie, sprechen seit Jahren über nichts anderes. Darüber, dass im Moment alles nicht nur ein bisschen, sondern mega-stressig ist. Dass wir eigentlich endlich einmal runterkommen müssten. Dass wir echt mal wieder ein bisschen Zeit für uns selber bräuchten. Dass wir uns einfach mal wieder so richtig entspannen müssten und zwar dringend. Einfach mal niemanden treffen sollten wir. Niemanden anrufen und keine einzige Mail schreiben. Offline gehen, nicht als Selbstversuch, sondern einfach so. Um nur bei uns selbst zu sein. Wenigstens mal einen Abend lang. Nur leider klappt das viel zu selten. Wir sind eben einfach immer so verdammt busy.

Manchmal weint Anna alleine abends in ihrer Küche. Aus dem Nichts kommen ihr die Tränen, immer mehr, minutenlang, einfach so. Denn Anna kann einfach nicht mehr. Ihr Körper sagt das schon lange. Seit ein paar Jahren hat sie diese Rückenschmerzen. Diese Kopfschmerzen. Diese Blasenentzündungen. Die Paracetamol 500 hat sie deshalb immer in der Tasche dabei. Aber die halten nie lange.

Wir, die wir wie Anna sind, stressen uns ohne Ende und schaffen trotzdem nie das, was wir uns vorgenommen haben. Unser Alltag besteht aus einer Hangelakrobatik von einem To-Do-Listen-Punkt zum nächsten. Je stressiger es wird, desto genauer schreiben wir uns jeden kleinen Schritt, den wir tun, auf. Einfach, weil es sich so unglaublich sicher anfühlt, etwas von der Liste streichen zu dürfen. Weil die Befriedigung, das eingekreiste »SOFORT« eliminieren und am Ende des Tages die kleinen Häkchen hinter den abgearbeiteten Aufgaben zählen zu können, so groß ist. Denn erst, wenn das wahnsinnige Soll, das wir uns selbst auferlegt haben, endlich erfüllt ist, können wir kurz einmal richtig durchatmen.

Bis es am nächsten Tag gleich weitergeht. Und am Tag darauf sowieso. An dem sind wir nämlich auch schon total ausgebucht.

Das liegt daran, dass wir alles auf einmal wollen. Dass wir nicht nein sagen können. Wir nehmen alle Jobs an, jede Möglichkeit, um zu zeigen, dass wir es drauf haben. So eine Chance kommt schließlich vielleicht nie wieder.

Über die Jahre sind uns nur die Namen der vermeintlichen, großen Bedroher, die schuld an unserer hemmungslosen Überbuchung sind, geblieben. Am Ende haben wir sie alle runtergerockt, haben sie alle in Erfolge verwandeln können: das Studium, das Praktikum, das Auslandssemester, das Examen. Das Volontariat, die Mappe, den Entwurf, die Skizze. Den Abschlussbericht, den Antrag, das Exposé, die Doktorarbeit. Den ersten Job, das Projekt, die Kampagne, den Pitch.

Sie alle sind schuld daran, dass wir jetzt nicht mehr können. Und ein bisschen auch wir selber. Denn neben der ganzen Arbeit wollen wir ja auch noch entscheiden, wie es mit uns auf Dauer überhaupt weitergehen soll. Was wir eigentlich wollen. Wer wir eigentlich sind. Ob der Platz, auf dem wir jetzt sitzen, den wir uns so hart erkämpft haben, überhaupt der ist, den wir wollen.

Ständig fragt zum Beispiel Anna sich, ob und wie lange es sich wirklich noch lohnt, jeden Tag wieder die Nazi-Chefin mit PMS, die hintenrum hyänenartigen Kolleginnen und die dumme Praktikantin in diesem Irrenhaus von Agentur zu ertragen. Das Irrenhaus, in dem alle scheißfreundlich, total locker und nett und hip, aber eigentlich komplett fake sind. Sogar die wenigen Normalen in dem Laden haben sich dem kalten Klima mittlerweile angepasst. Alle spielen sie nur eine kranke Rolle und, das Schlimmste, alle wissen es. Alle wissen, dass sie eigentlich nur gucken, wo sie selber bleiben. Dass sich ihr Smalltalk schon lange nicht mehr von eiskalt-funktionalem Socializer-Kalkül unterscheiden lässt. Dass jeder jeden beäugt, dessen Beliebtheitspunkte zählt und sie mit seinen eigenen vergleicht.

Anna kotzt das an. Genauso sehr wie ihr Talent, selber so unglaublich gut mitzuspielen in diesem Zirkus. So gut, dass man von außen denken könnte, sie wäre wirklich eine von denen.

»Es ist nur eine Lebenslaufstation. Es ist nur eine Lebenslaufstation«, lautet Annas Vorläufigkeitsmantra, das ihr in den endlosen Meetings, Briefings, Präsentationen und Projektbesprechungen hilft, die Balance zwischen intakter äußerer Präsenz und genervter innerer Emigration zu halten und zu entscheiden, ob sie in diesem Office nicht eigentlich doch gerade ihre Zeit verplempert. Ob sie nicht eigentlich schon wo ganz anders sein müsste. Selbst an den guten Tagen ist Anna innerlich schon auf dem Sprung. Sobald sie etwas erreicht hat, denkt sie schon an die nächste Hürde.

Um bloß nicht das Umsteigen zur nächsten, anderen, richtigen Station zu verpassen. Um im Voraus die richtigen Strategien auf ihrem Weg zu wählen und ihre Ellenbogen auszufahren, die sie benötigen wird, um sich zu erkämpfen, was ihr bei ihrem Können und ihrem Einsatz zusteht. Bevor ihr jemand anders ihren zukünftigen Schreibtisch wegnimmt. Anstehen tun dafür schließlich genug andere.

Nicht nur Anna, sondern wir alle wissen es: Im perfekten Job wartet niemand auf uns. Trotz Studium, Praktika, Auslandssemester und Vitamin B können wir uns nie sicher sein. Weshalb wir immer und einwandfrei funktionieren müssen, weshalb wir genau jetzt alles geben müssen. Weshalb wir nichts dem Zufall überlassen dürfen, sondern uns haargenau überlegen müssen, welche Wegbiegungen wir einschlagen. Um uns eines Tages die eine Stelle, die perfekt zu uns passt, *die wir sind*, genau im richtigen Moment schnappen zu können. Sonst ist sie besetzt. Und wir hätten alles verpasst. Nicht nur einen coolen Schreibtischstuhl, sondern vor allem uns selber. Wir wären auf ganzer Linie gescheitert. Weil wir uns selbst verfehlt hätten. Weil wir die einzig richtige Version unserer selbst nie gelebt hätten.

Was für eine Horrorvorstellung. Wenn Anna nur daran denkt, kriegt sie schon Herzrasen. Es fühlt sich für sie an wie der absolute Kontrollverlust. Alles scheint zu wackeln, der Boden bricht ihr unter den Füßen weg. Weil auf einmal alles, was sie gerade macht und tut, komplett in Frage gestellt ist. Weil das Jetzt, in dem sie sich befindet, vielleicht falsch ist. Weil sie vielleicht gerade in diesem Moment ein anderes, besseres Jetzt verpasst. Und sich damit den Weg zum richtigen Später schon verbaut hat.

Anna hebt den Blick von der Kleenex-Schachtel auf dem Fensterbrett, auf die sie während ihres gesamten Redeschwalls gestarrt hat. Sie schiebt eine Haarsträhne, die ihr von ihrem schrägen Pony ins Gesicht gefallen ist, hinters Ohr zurück. Herr G. nickt verständnisvoll.

»Ich kann mir vorstellen, gemeinsam mit Ihnen an Ihrer Angst zu arbeiten«, sagt der Therapeut freundlich, er deutet auf die Uhr. Anna hat die Sitzung überzogen. So etwas passiert ihr sonst nie.

»Wenn Sie mögen, sehen wir uns nächste Woche.« Herr G. lächelt milde. Sein Händedruck ist angenehm.

Draußen unter den Kastanien schaut Anna in den Regen. Langsam fischt sie ihr iPhone aus ihrem mit bunten Vögeln bestickten lila Jutebeutel. Nur zwei verpasste Anrufe, zwei SMS, drei E-Mails. Geistesabwesend entwirrt sie die Schnur ihrer Kopfhörer. Angst, hat Herr G. gesagt. Anna versucht den Satz im Kopf. »Ich habe Angst.« Fünf Probestunden können nicht schaden, denkt sie und biegt um die Ecke zur S-Bahn-Station.

*

Bastian klebt die Motivationssperre an den Hacken wie ein zweiter Schatten. Wir, die wir ein bisschen so sind wie er, sprechen seit Jahren mit niemandem darüber. Wir sprechen lieber über alles andere. Darüber, was für Musik wir uns runtergeladen, welche Filme wir gesehen haben, welche Clubs geschlossen und neu aufgemacht haben, was wir vorhin auf SpiegelOnline und vorgestern in den Büchern aus der Bücherhalle gelesen haben. Darüber, dass wir noch einkaufen müssen. Darüber, dass wir alles im Moment einfach ruhig angehen und auf uns zukommen lassen wollen. Dass wir uns nicht verrückt machen und uns bloß nicht stressen lassen wollen wie alle anderen.

Bastian redet gerne und viel darüber, dass er den Kopf voller Ideen für später hat. Für die er alles geben würde, so wie früher, wenn er begeistert von etwas war. Seine Augen blitzen dabei. Es liegen so viele unangezündete Streichhölzer um ihn herum. Er bräuchte eben nur mal echt wieder ein bisschen Zeit für sich selber, um diese ganzen kreativen Baustellen zu ordnen. Nicht so Zeit wie jetzt, sondern irgendwie anders, bewusster. Um einfach mal nur bei sich selbst sein. Wenigstens ein paar Wochen lang. Aber das klappt leider viel zu selten. Bastian schafft es manchmal ja kaum zum Supermarkt um die Ecke. Er vergisst es. Oder verschläft die Öffnungszeiten. Oder hat einfach keine Energie. Er ist eben einfach immer so verdammt antriebslos.

Wir, die wir ein bisschen so sind wie er, schaffen nie das, was wir uns vorgenommen haben. Unser Alltag besteht aus einer Hängeakrobatik von einem Tag zum nächsten, ohne To-Do-Liste, ohne Plan. Am Ende des Tages ist alles wie am Anfang des Tages. Keiner hat es gemerkt, vor allem nicht wir selber. Wir wissen nicht, wo die Zeit geblieben ist. So wie am Tag zuvor. Und, wahrscheinlich, auch am Tag danach.

Während sich die Welt hektisch dreht, schlendern wir einfach immer so nebenher. Schuld an unserer Lethargie ist dieser verdammte Berg. Das Studium, das Examen, die Jobsuche. Das ganze große Unerledigte.

Bastian müsste sich endlich fürs Diplom anmelden. Aber er hat leider noch vier Hausarbeiten auf Halde, die er über die letzten zwei Jahre mitgeschleppt hat. »Vor meinem Ableben«, hatte sein Professor gesagt und gegrinst, als es um das Abgabedatum ging. Bastian fand das echt fair von ihm. Die eine Hausarbeit hat er sowieso fast fertig, nur das Fazit und der Literaturüberblick fehlen. Und die Fußnoten. Und die Einleitung. Aber alles andere steht. Zumindest in seinem Kopf. Es muss nur noch runtergschrieben werden. Und die letzten zwei Scheine sind Praktikumsberichte, aber die zählen eigentlich sowieso nicht. Schuld ist eben nur dieser kleine, aber doch noch zu überwindende letzte Berg vor ihm.

Und ein bisschen auch er selber. Denn nach der ganzen Arbeit, die Bastian noch vor sich hat, müsste er ja auch noch entscheiden, wie es mit ihm auf Dauer überhaupt weitergehen soll. Was er eigentlich will. Wer er eigentlich ist.

Wir, die wir so einen Berg vor uns herschieben wie Bastian, müssten uns irgendwann darüber klarwerden, ob wir eigentlich je auf irgendeinem Platz sitzen wollen. Ob es sich wirklich lohnt, sich wie alle anderen jeden Tag in ein Kostüm zu werfen, eine dumme Krawatte umzubinden, sich abzurackern, unfrei, zwischen mega-gestressten, unlockeren Menschen, die wir dann acht Stunden am Tag ertragen müssten. Um eigentlich nur noch für die wenigen Ferientage im Jahr zu leben. Und den Rest aller anderen Tage etwas zu tun, auf das wir eigentlich vielleicht gar nicht so große Lust haben. Das uns nach einem Jahr doch wieder langweilen würde. Das uns auf Dauer nicht erfüllen würde. Weil unsere Begeisterungs- und Aufmerksamkeitsspanne ganz nach Bastians Streichholzprinzip funktioniert.

Vielleicht würden wir nämlich in dem Job, den wir dann irgendwann einmal hätten, eigentlich doch nur unsere Zeit verplempern. Wo wir doch eigentlich schon wo ganz anders sein müssten. Irgendwo, wo wir uns unsere Freiheit besser bewahren könnten. Vielleicht in einem zweiten Studium. Oder noch mal ganz draußen, weit weg, irgendwo im Ausland. Wo dann nebenbei auch die Sonne öfter scheinen würde als hier und die Leute nicht jeden Tag in der Bahn solche Fressen ziehen würden.

Bevor unser Berg nicht abgearbeitet ist, werden wir aber sowieso nicht herausfinden, wo dieser andere, richtigere, schönere Platz sein könnte. Bevor das Jetzt nicht bewältigt ist, können wir über das Später nicht nachdenken. Jetzt können wir einfach noch nicht wissen, wie wir am besten zu diesem Ort finden und wie wir ihn, wenn es denn einmal so weit ist, erreichen können. Welche Strategien auf diesem Weg die richtigen sind. Zumal wenn uns niemand sagen kann, was uns eigentlich zusteht.

Bastian weiß: Niemand wartet auf ihn. Er hat sein Studium dreimal gewechselt, die Regelstudienzeit lange hinter sich gelassen. Außer einmal vor drei Jahren und da auch nur für einen Monat hat er keine Praktika gemacht. Sein Auslandssemester hat er abgebrochen. Und bei der Vitamin-B-Connection seines Vaters hat er es dann doch irgendwie verrafft, sich noch mal zu melden. Ab und zu hilft er bei einem kleinen PR-Büro aus, aber die Stimmung in dem Laden ist mies, zumindest ist es nicht seine. Diese Stressstrebertypen sind einfach nichts für ihn. Weshalb er vor zwei Jahren auch gleich klargemacht hat, dass sie ihm bloß nie irgendwas anbieten sollten. Er weiß nicht, ob das schlau war. Aber damals fühlte es sich richtig an.

Bastian glaubt nicht mehr daran, dass es die eine Stelle irgendwo da draußen, die genau zu ihm passt, *die er ist*, überhaupt gibt. Und wenn es sie gäbe, hat sie sich mittlerweile sicher schon jemand anderes geschnappt. Wo immer sie ist, sie ist sicher schon belegt.

Wir, die wir so ticken wie Bastian, wollen uns einfach noch nicht versklaven lassen. Um uns selber nicht zu verpassen. Und uns damit zu verfehlen. Dann wären wir auf ganzer Linie gescheitert. Weil wir die einzig richtige, freie Version unseres Selbst nicht kennengelernt hätten und deshalb nicht ausleben könnten. Andererseits: Wenn wir so weitermachen und immer länger warten, werden wir uns mit großer Wahrscheinlichkeit sowieso verpassen.

Was für eine Horrorvorstellung. Wenn Bastian nur daran denkt, kriegt er das Kotzen.

Er hebt den Blick von der Kleenex-Schachtel auf dem Fensterbrett, auf die er während seines gesamten Redeschwalls gestarrt hat. Herr G. nickt verständnisvoll. Bastian findet dieses Genicke albern.

»Bis nächste Woche«, nuschelt er knapp und verlässt die Praxis ohne einen Händedruck. Bastian muss das alles jetzt erst mal verdauen. Der Typ ist ihm durch sein komisches Schweigen irgendwie zu nahegekommen.

»Ich hab' keine Angst«, denkt Bastian, während er sein Fahrrad aufschließt. Es regnet immer noch. Die Leute trinken ihre ersten Biere drinnen. Bastian will sich heute nicht dazusetzen. Er muss jetzt erst mal runterkommen. Und vergisst dabei, dass er noch einkaufen wollte.

*

Wie lange unsere kranke Castingshow eigentlich schon läuft? Ob wir schon einmal darüber nachgedacht haben, sie abzusetzen? Klar. Wir finden sie ja auch scheiße! Aber die Quote ist eben so umwerfend. Das ist halt genau das, was der Zuschauer sehen will. Und bei *den* Werbeeinnahmen und *der* erfolgreichen Marketingmaschine drumherum sollte man ab einem gewissen Punkt einfach seinen Mund halten und sich freuen, dass alles so gut läuft. Hört sich ziemlich nüchtern an. Und das ist es auch.

Was uns bloß so ruiniert hat? Wie Anna zu Anna geworden ist? Und Bastian zu Bastian? Herrn G. interessiert das auch. Er fragt es nur netter. »Wie lange geht das schon so, mit diesem irrsinnigen Druck, den Sie verspüren«, will er wissen.

Es dürfte so um das Abi herum gewesen sein. Da fiel der Startschuss zu unserer großen Verpassens- und Versagensangst. Da eröffnete sie sich zum ersten Mal vor unseren Augen: die große, endlos weite Fläche. Offen, horizontlos, infinit lag sie plötzlich da.

Zukunft, so lautete dieses Neuland. Eine unangetastete, zu gestaltende, weiße Leere. Ohne einen einzigen Farbtupfer, ohne Begrenzungen, Zwänge, Zäune, Hindernisse. Wir nahmen all unseren Mut zusammen und betraten, zögerlich, das weiße kühle Glatteis des Noch-Nichts. Wenn schon nicht euphorisch, dann aber doch mit einem gewissen Elan kippten wir die verworrenen bunten Fäden unseres jungen Lebens auf der weiten, weißen Flur aus. Es würde schon alles nicht so schlimm sein.

Da lag es dann, das ganze wirre, lustige Knäuel an Möglichkeiten. Eines wurde uns sofort klar: Alleine würden wir nicht weiterkommen mit diesem Gewirr. Wir riefen deshalb alle, die es gut mit uns meinten, unsere Lehrer, Eltern, Patenonkel, Berufsberater und Freunde mit an den Tisch, um in langen Einzel- und Gruppengesprächen abwechselnd mit ihnen darüber zu debattierten, was mit diesem großen, gemischten Optionensalat nun anzufangen war. Gemeinsam friemelten wir erst einmal die Fäden auseinander. Bis sie irgendwann fein säuberlich getrennt vor uns lagen.

Und nun? Wir schauten von einem Berater zum anderen. Keiner von ihnen sagte etwas. Stattdessen nickten sie uns alle nur aufmunternd zu. Unsere Augen wurden größer, angsterfüllt blickten wir von einem Faden zum anderen. Was uns fehlte, war der jugendliche Leichtsinn. Oder ein wegweisender Wink, von irgendwoher. Doch das Schicksal schwieg beharrlich. Wir zuckten mit den Schultern. Wir wussten einfach nicht, was wir wollten. Und diskutierten deshalb lieber noch eine Runde weiter. Über das Für und das Wider dieses oder jenes Fadens, dieses oder jenes Knotens. Doch je länger wir überlegten, desto schwerer wogen die Fragezeichen, desto näher kam sie, die Panik. Bis sie uns die Luft zum Atmen nahm.

»Tu einfach das, was du am liebsten machst, was dir am meisten liegt«, sagte die Mutter in einer rührenden Mischung aus Optimismus und Hilflosigkeit. »Tu, was dein Herz dir sagt«, die beste Freundin, in einem Restanflug von pubertärem Pathos. »Verdien Geld. Geh in die Wirtschaft, werd Arzt oder Anwalt. Oder eben doch Lehrer, die werden immer gebraucht«, sagte der Onkel. »Geh ins Ausland, hier findest du eh keinen Job«, grummelte der Lehrer.

»Ich weiß nicht, was ich dir raten soll, wenn du nicht weißt, was du willst«, sagte der Vater mit ungewohnter Resignation in der Stimme und zunehmend düsterer Miene. Sein Stirnrunzeln war anders als damals, während der saure Regen fiel. Vielleicht war es aber auch nur anders, weil wir uns zur Abwechslung diesmal mitfürchteten.

Ironischer- und vor allem blöderweise war dieses eine Mal unsere Angst zur Abwechslung nur leider gar nicht die Reaktion, die die Stirnrunzler von uns erwarteten. Wenn wir bei den endlosen Konferenzen zur Lage unserer Zukunft nämlich allzu lange mit den Schultern zuckten, wurden die Mitglieder unseres Beraterstabs manchmal ungeduldig. »Warum guckt ihr so gequält? Ist doch toll, was ihr für Möglichkeiten habt!«, riefen sie erbost. »Mensch, nutzt die doch bloß! *Wir* hatten die früher nicht.«

Und es stimmte: Die Welt lag uns zu Füßen. Wir konnten überallhin gehen, wir konnten alles tun. Man würde uns bei allem unterstützen. Das Einzige, das wir zu tun hatten, war, unseren Mund aufzumachen und endlich zu sagen, was wir wollten. Wir sollten einfach nur unseren eigenen Weg finden. Den Weg, der uns glücklich machen und uns erfüllen würde.

Wir blieben stumm. In unserem Kopf ratterten die Optionen. Wir fühlten uns wie ein leeres Blatt Papier. Wie eine neutrale, passive, dumme Materialmasse. Dabei sollten wir gleich ein ganzes Drehbuch schreiben. Und dazu noch die Hauptrolle übernehmen.

Unsere erste, tiefe Schaffenskrise erlitten wir deshalb, noch bevor es richtig losging. Unseren ersten Panikflash bekamen wir nicht in der Praxis, sondern in der Theorie. Und zwar genau in dem Moment, in dem wir die Regeln unseres Films begriffen. Das Versprechen beim Dreh lautete: Alles ist möglich. Und der Fluch: Alles ist möglich.

Am liebsten wollten wir aus Angst das leere Storyboard zertreten, in den Müll schmeißen, uns umdrehen, wegrennen und den Kopf in den Sand stecken. Und obwohl wir heute schon so einige Szenen im Kasten haben, wegrennen würden wir manchmal immer noch ganz gerne. Denn der Druck war gekommen, um zu bleiben. Er ist immer noch da. Und er wird alles andere als weniger.

Vielleicht ist unser Tinnitus ja auch nur ein ganz einfacher Ohrwurm. Allerdings einer, der uns beunruhigenderweise mittlerweile schon seit guten fünf bis zehn Jahren nicht aus dem Kopf gehen will. Es ist ja eigentlich auch ein schönes Lied. »Hätte, wäre, könnte« lautet der Refrain, den der Chor unserer Verpassensängste in Endlosschleife wiederholt. »Bist du dir *sicher*? Bist du das *wirklich*?«, zischen und säuseln uns die Engelchen und Teufelchen, die Gesandten des ebenso mörderischen wie charismatischen Selbstverwirklichungsregimes, auf unseren Schultern sitzend zu. Bei jedem Schritt, den wir tun, bei jeder Entscheidung, die wir treffen, hinterfragen sie uns besessen: »Wäre es nicht doch sinnvoller gewesen zu bleiben? Wäre es nicht doch schlauer zu gehen? Wäre nicht die andere Wegbiegung doch die gewesen, die dich zum Ziel führt?« Sie singen das durchaus verführerisch, die fiesen Sirenen des Konjunktivs. Und wir hören ihnen gerne zu. Aber trotzdem sind sie es, die uns ständig alles vermiesen.

Schließlich hat MC Conditional uns noch jeden Ist-Zustand kaputtgegroovt. Gegen seine Chöre kann jedes Carpe Diem einpacken. Er setzt die Regeln unserer Grammatik. Deren Grundregel Nummer eins lautet: Der Konjunktiv ist dem glücklichen Leben sein Tod.

*

»Wie geht es Ihnen?«, fragt Herr G. Anna. Sie ist wiedergekommen. Es ist ihre zweite Sitzung.

»Nicht so gut«, lächelt Anna entschuldigend. »Müde. Ich bin total fertig.«

Anna hat seit Jahren ein Schlafproblem. Nachts ist sie hellwach. Sie kann sich nicht mehr entspannen. Alles in ihrem Kopf rast. Sie macht sich Sorgen, über alles. Was die Kollegen von ihr denken, ob sie gut genug ist in dem, was sie tut, ob sie dabei locker genug rüberkommt, individuell genug, kreativ genug, natürlich genug. Sie denkt tausend Sätze, die alle mit »Ich muss« beginnen.

Am schlimmsten ist es, wenn Anna früher Schluss machen kann und sich brav um elf ins Bett legt. Dann steht sie stundenlang auf und legt sich wieder hin. Macht das Licht aus und wieder an, fährt den Computer runter und wieder hoch. Manchmal trinkt sie in ihrer Verzweiflung zwischen ihren Schlafversuchen einen dieser blöden Ruhetees, dessen dämliche Sonne über den dämlichen lila Hügeln auf der Verpackung sie eigentlich schon so aggressiv macht, dass sie allein davon gleich wieder hellwach wird.

Anna ist abhängig von Baldrian-forte-Kapseln. Obwohl sie schon rein marketingtechnisch eigentlich nicht glauben kann, dass Dinge mit so einem trashigen Logo wie »Das gesunde Plus« wirklich ihr Wohlbefinden steigern könnten. Nach dem dritten Ins-Bett-Gehen reißt Anna sich die Schlafbrille von der Nase und legt sich das Lavendelkissen, das ihr ihre Mutter geschenkt hat, auf die Stirn. »Rest your eyes« steht darauf. Anna atmet tief ein und aus. Ganz, wie es ihr die CD zur progressiven Muskelentspannung nach Jacobson vorsagt. Das Kissen müffelt unerträglich nach Oma-Seife.

Anna fährt zum vierten Mal den Computer wieder hoch. »Insomnia« postet sie bei Facebook. Es ist 2:32 Uhr. Anna reibt sich die Augen, rauft sich die Haare. Schüttet den zweiten Ruhetee in der Spüle aus. Notiert noch ein paar SOFORTs auf ihrer To-Do-Liste. Und geht zum fünften Mal ins Bett.

Diesmal mit ihrem iPod. Annas allerletzte und einzige Geheimwaffe gegen sich selbst heißt Bibi. Die kleine Hexe ist die Einzige, die ihr jetzt noch Ruhe bringen kann. Ihre Lieblingsfolge, »Bibi und der Supermarkt«, kann Anna auswendig, seit sie vier ist. Früher lagen die Kassetten in dem Holzkassettenhalter, der neben ihrem Bett hing. Anna hatte sechzig Folgen. Jeden Abend durfte sie sich eine aussuchen. Schon damals konnte nur Bibi Blocksberg ihr beim Einschlafen helfen. Eigentlich hat sich in den letzten dreiundzwanzig Jahren also nicht viel geändert. Außer, dass Bibi Anna heute nicht aus einem Rekorder, sondern über iTunes in den Schlaf hext. Und dieser Schlaf kein friedlicher Kinderschlaf mehr, sondern ein erschöpft-erwachsener Komazustand ist. Aus dem Anna schon fünf Stunden später komplett fertig wieder aufwachen muss.

Wir, die wir wie Anna sind, wissen, dass es zu unserem kranken Stressleben eigentlich keine Alternative gibt. Wer einen Job wie wir machen, wer wie wir in so einer unsicheren Branche zu so unsicheren Zeiten die Leiter nach ganz oben hochklettern will, gibt die Work-Life-Balance gleich an der Tür zum Büro ab. Und wer sich dessen nicht bewusst ist oder sich nicht vorstellen kann, das in Kauf zu nehmen, der muss sich gar nicht erst bewerben.

Am Anfang fand Anna das alles noch heroisch. Sie schrieb heldenhaft-überarbeitete SMS – »Arbeite 15 Stunden am Tag, aber es rockt« –, die signalisierten, dass sie gar nichts mehr spontan unternehmen könne, weil sie ab jetzt zu denen gehörte, die full time gebraucht werden. Sie dopte sich über den Tag, der zu hektisch für Frühstück und Mittagspause war, mit Kindercountrys und Coke Zero. Manchmal huschte sie abends um neun zum Thailänder um die Ecke. Sie bestellte einen Glasnudelsalat to go, den sie wie die gestressten Anwälte in amerikanischen Filmen seufzend nach ein paar Minuten Gestocher mit den Stäbchen samt der Pappbox in den Müll neben dem Schreibtisch schmiss. Weil ihr der ganze Stress eben doch auf den Magen geschlagen hatte. Die ersten Wochen ging das jeden Tag so. Alles drehte sich viel zu schnell. Aber genau das hatte Anna immer gewollt.

Auf Dauer macht es sie krank. Anna lebt ungesund. Sie schafft es höchstens noch einmal die Woche zum Sport oder auch nur vor die Tür. Sie braucht immer mehr Eyecover, um ihre Augenringe zu kaschieren. Sie hat wieder angefangen zu rauchen. Wobei das eigentlich nur daran liegt, dass die bräsige Praktikantin sich damit einschleimen wollte, sie die ersten Wochen auf eine Zigarette auf die Dachterrasse einzuladen.

Anna hat schon ewig kein richtiges Zeitgefühl mehr. Ihr Leben besteht aus einem Brei von Stunden und Tagen und Wochen, in denen sie zu nichts mehr kommt, was nicht mit dem Job zu tun hat, und die sie deshalb kaum noch voneinander unterscheiden kann. Montag, Dienstag, Mittwoch, das sind schon lange keine Kategorien mehr.

Nur die To-Do-Liste und der Jahresplan an der Wand im Büro sind Anhaltspunkte, wo auf der Zeitachse sie sich gerade befindet. »You are here!«, hat Anna aus Spaß an den Timer für sich und ihre Kollegen auf ein Post-it geschrieben. Die Augen des Smileys auf dem Zettel zwinkern.

*

»Wie geht es Ihnen?«, fragt Herr G. Bastian.

»Nicht so gut«, sagt Bastian. Er ist außer Atem, er ist gerannt, er wollte wenigstens dieses Mal pünktlich sein. Er hat es natürlich nicht geschafft.

»Müde«, röchelt er. »Ich bin total fertig.«

Bastian hat seit Jahren ein Schlafproblem. Er ist nicht nervös und es liegt auch nicht daran, dass er sich großartig Sorgen über irgendwas machen würde. Irgendwie verdaddelt er einfach nur die Zeit, er merkt nicht, wie sie vergeht, ganz plötzlich ist es dann wieder vier, fünf, sechs Uhr morgens, wenn er ins Bett geht. Nachts ist er einfach hellwach. Und er mag das ruhige Gefühl zu wissen, dass die Stadt um ihn herum schläft. Dass nach und nach alle Lichter in seiner Straße ausgeschaltet werden. Dass nur seines noch leuchtet. In Bastians kleiner Wohnung ist nachts jeder Raum hell erleuchtet. Die Anlage läuft, das Radio in der Küche, der Computer, der Fernseher. Bastian schlendert dann gerne durch seine Quadratmeter, spielt ein bisschen Computer, hört Musik, macht sich einen Nutella-Toast, trinkt ein Glas Cola, danach ein Bier, er raucht am offenen Fenster, lacht über die bescheuerten Radiomoderatoren. Er ist ganz zufrieden so. Nachts ist alles so schön ruhig. Er kann sich entspannen. Er kann alles auf sich zukommen lassen. Kann seine Gedanken durch den dunklen Kosmos fliegen lassen. Er hat das Gefühl, dass er frei ist. Freier als am Tag.

Blöd wird es nur, wenn es irgendwann hell wird. Mit der aufgehenden Sonne kommt Bastian schlecht klar. Er will noch nichts mit dem nächsten Tag zu tun haben. Er dreht schnell alle Geräte ab und putzt sich die Zähne. Danach wühlt er im Halbdunkeln in seiner CD-Kiste unter dem Bett. Tarzan, Karl, Klößchen und Gaby, Justus, Peter und Bob sind die großen Helden seiner Kindheit. Sie haben ihm immer beim Einschlafen geholfen. Vor zwei Jahren sind sie wiederauferstanden. TKKG und Die drei ??? sind die Einzigen, die ihn nachts zur Ruhe bringen können. Wenn überhaupt, dann schläft Bastian irgendwann im Morgengrauen über ihnen ein. Meistens bei einer seiner Lieblingsfolgen »Verrat im Höllental«, »Der Karpatenhund« und »Die flüsternde Mumie«, die er allesamt mitsprechen kann.

Wir, die wir wie Bastian sind, haben schon ewig kein richtiges

Zeitgefühl mehr. Seit es nur noch den Berg zu bewältigen gibt, sind wir frei zu tun und zu lassen, was wir wollen. Keiner wartet morgens in Konferenzsälen auf uns, keinen interessiert es, ob und wann wir aufstehen, ob und wann wir das Haus verlassen. Ob wir erst nachmittags duschen oder die Vorhänge erst schließen, wenn alle anderen sie schon wieder öffnen. Montag, Dienstag, Mittwoch, das sind schon lange keine Kategorien mehr. Wir können alles auf unbestimmt verschieben, unsere Sätze müssen nie mit »Ich muss« anfangen.

Am Anfang fand Bastian diese freie Zeiteinteilung noch cool. Genau so hatte er sich Studieren vorgestellt. Er hat immer Zeit, er kann die Leute spontan in ihren Arbeitspausen zwischen Praktikum, Bibliothek und Seminaren abfangen, sie entspannen sich bei ihm. Bastian geht oft an die Uni, einfach nur in die Mensa, er isst mit seinen Leuten das billigste Essen, das mit dem »günstig und gern genommen«-Schild drüber. Für die anderen ist die Bratwurstschnecke das Mittagessen, für ihn eben das Frühstück. Alle finden das lustig.

Bastian belegt ständig neue Seminare, die er für seinen Abschluss nicht braucht. Und einen Portugiesisch-Sprachkurs, den er am allerwenigsten braucht. Es liegen einfach zu viele Streichhölzer herum, die angezündet werden wollen, zu viele Themen, die ihn reizen. Die mit seinem Abschluss inhaltlich aber leider nur am Rande was zu tun haben.

Je näher das Examen rückt, desto mehr freiwillige Kurse belegt Bastian, desto weniger liest er für die Hausarbeiten, die er eigentlich schaffen muss, desto kürzer schafft er es, sich in der Bib auf das zu konzentrieren, was er eigentlich machen müsste. Desto lieber möchte er Portugiesisch lernen, desto mehr Spaß hat er in den Seminaren, die er rein interessehalber belegt. Er liest in alle Bücher auf der Lektüreliste rein, exzerpiert Dutzende von Seiten aus den Aufsätzen, die ihm gefallen, und hält freiwillig das erste Referat. Er liest Diplomarbeiten von Freunden Korrektur, ganz genau diskutiert er Inhalt und Aufbau ihrer Arbeit mit ihnen. Weil es ihm Spaß macht. Und es ihm immer wieder neue Ideen für seine eigenen Denkbaustellen gibt. »Ich glaub, ich hab Bock, mir noch mal die gesamte kritische Theorie reinzuziehen«, sagt er. Denn deshalb studiert er schließlich, um seinen geistigen Interessen frei nachzugehen, um sich zu bilden, sich weiterzuentwickeln.

Bastian kann jede Nacht trinken, so lang er will. Er ist nie der Spaßverderber, der jammert, am nächsten Morgen früh rauszumüssen. Wenn er keinen Bock auf den Campus hat, verbringt er die Nachmittage in den Cafés bei ihm um die Ecke. Dort liest er Zeitung, raucht, lernt die Leute am Nebentisch kennen, überredet die süße Kellnerin zu einem frühen Bier an der Bar.

Wenn Bastian will, ist jeder Tag wie Urlaub. »Alter, was geht«, schreibt er seinem Bruder, der jeden Tag im Büro absitzt, »Gechillte Grüße aus der Sonne«. »Arschloch«, schreibt sein Bruder aus der Mitarbeiterschulung zurück. Die Augen des Smileys in der Nachricht zwinkern.

*

Anna hat einen Lifewalk vor sich. Heidi will sehen, ob sie in der letzten Woche an ihrem ängstlichen Gesichtsausdruck gearbeitet hat.

Anna tut eigentlich ihr Leben lang nichts anderes, als an sich zu arbeiten. Daran, dass Fehler bei ihr nicht erlaubt sind, hat sich seit der Schule nichts geändert, sondern nur verschlimmert. Denn Fehler sind Schwächen, Minuspunkte im Wettbewerb.

Anna hat für sich den Genie-Kult verinnerlicht. Sie sieht um sich herum nur makellose, fertige Produkte, tolle Texte, geniale Entwürfe, durchdachte Skizzen, die so aussehen, als wären sie perfekt vom Himmel gefallen. Und so will auch Anna aussehen. Alles, was sie produziert, soll perfekt sein. Inklusive des Understatements, nicht perfekt zu sein. Anna hat gelernt, zwei Nächte an etwas zu arbeiten, ohne Pause, und am Ende zu sagen, es wäre alles nicht so schlimm gewesen. Es habe gar nicht so lange gedauert und sowieso total Spaß gemacht. Hat es ja auch.

Anna managt sich selbst perfekt. Eine bessere persönliche PR-Chefin könnte es nicht geben. Intern treibt sie sich weiter, wenn sie nicht mehr kann, sie redet sich gut zu, wenn sie müde ist, motiviert sich bis zum letzten Meter. Extern schreibt sie perfekte Mails an alle Chefs und Oberbonzen, die bis ins letzte Wort die genau balancierte Dosis Ernsthaftigkeit, Kompetenz und spielerischer Ironie, die subtil die Grenze zum Dreisten streifen, besitzen. Anna weiß, wann sie in der Gruppe den Mund aufmachen muss und wann es Zeit ist, einfach zu schweigen und gute Arbeit abzuliefern. Sie weiß, wann man Einladungen zum Mittagessen annehmen darf, wann man es muss und wann man lieber alleine vorm Computer ein Brötchen isst und so tut, als sei man gerade total busy. Mit Anna waren alle Kollegen abends schon mal was trinken. Alle sagten am Ende: »Das müssen wir unbedingt mal wiederholen.« Und alle meinten es ernst.

Bei Anna wirkt jede Kommunikation federleicht. Doch die ganze Leichtigkeit hat auch ihren Preis. Denn Anna ist Teil der Softskill-Elite dieses Landes. Und diese Elite gestattet sich gar nichts. Sie denkt immer darüber nach, wie sie wirkt. Und hat deshalb langsam das Gefühl dafür verloren, wann sie gerade sie selbst ist oder wann sie, funktional, eigentlich gerade nur Werbung für sich selber macht. Wann sie Dinge nur tut oder Leute nur trifft, weil es sie weiterbringen könnte oder dem perfekten Bild, das sie von sich selber hat, entspricht.

Anna findet das selber schlimm. Vor allem, weil sie über die Jahre gar nicht gemerkt hat, wie sich alle Grenzen aufgelöst haben. Weil es jetzt kein Zurück mehr gibt, kein Runterkommen mehr von dem Wunsch, jedem immer gefallen zu wollen. Vor allem ihr selber.

Dieses ewige Gefallenwollen ist furchtbar anstrengend. Aber

so ist das eben, denkt Anna, wenn man einmal in das Hamsterrad eingestiegen ist. Dann rennt man eben. Entschleunigung ausgeschlossen. Verlangsamung heißt Stolpern. Und wer stolpert, der fällt.

Die Musik setzt ein. Der Beat hämmert in Annas Bauch. Ihr ist schlecht. Der Laufsteg liegt vor ihr. Anna läuft perfekt.
Heidi legt den Kopf schräg. Ihr Röntgenblick bleibt auf Annas Gesicht hängen. Anna würde sich gern was überziehen. Aber beim Bikini-Walk nach einem Handtuch zu fragen, wäre das Dämlichste überhaupt. Und Anna ist ja schließlich nicht prüde. Die Jury sieht ihre Gänsehaut zum Glück nicht.

»Ann«, lächelt die amerikanische Topfotografin, der heutige Jurygast, »You're just so gorgeous, girl! You're just, like, so *awesome*! You have such great personality!«, sie strahlt in die Kamera, »All you gotta do is you gotta *show* it to the world! There's nothing to be afraid of!«

Heidi nickt zustimmend. Küsschen-Küsschen. Und noch das Foto.

Anna weint dieses Mal erst im Hotelzimmer. Sie muss sich besser *zeigen*. Aber wie bloß? Wieso muss sie auch nur immer so ängstlich gucken? Pörsnääääääälidi, hallt die amerikanische Fotografinnenstimme durch ihren Kopf, you just gotta *show* it!

★

»Behalten wir die Metapher, die Sie beim letzten Mal benutzten, doch einmal bei«, sagt Herr G. zu Bastian, »Warum machen Sie beim Casting denn nicht einfach mit? Warum singen Sie nicht vor?«

Bastian zuckt mit den Schultern.

»Weil ich die alle eigentlich verachte. Die geklonten Mädels, diese Prolltypen, diese Stressleute.«

»Warum verachten Sie sie?«

»Weil sie nur noch Maschinen sind«, sagt Bastian angeekelt, »Die leben doch gar nicht mehr hinter ihrer Maske. Das ist doch pervers. Ich will nicht so ein Arbeitssklave werden wie die«, er lacht zynisch. »Außerdem ist mein Stück noch nicht vorführreif. Ich üb' doch noch!«

»Und wie lange gedenken Sie noch zu üben?«

»Weiß nicht.«

Bastian grinst überheblich. »Passen Sie auf, jetzt kommt noch eine Metapher für Sie: Ich liege auf dem Glatteis. Ich rutsch da seit Jahren hin und her. Und stoße einfach nirgendwo gegen. Nichts formt mich. Ich warte einfach. Bis irgendwann vielleicht irgendwas passiert. Vielleicht kommt irgendwann endlich jemand, der mir sagt, was ich tun soll. Der große Bestimmer.«

Herr G. nickt langsam. Er notiert sich etwas.

»Und was, wenn Sie das selbst wären?«, fragt er Bastian.

»Naja, dann warte ich wohl auf mich«, antwortet Bastian, »Stimmt eigentlich: Ich warte auf mich.«

»Ist das ein gutes Gefühl?«

»Weiß nich. Es ist ja eigentlich ganz entspannt. Man kann viel Bier dabei trinken …«

Herr G. wendet sich von Bastian ab. Er guckt aus dem Fenster.

»… aber es ist schon so, dass es manchmal auch nervt. Ich kann mich halt so schlecht konzentrieren. Und sobald ich was anpacken will, machen es eigentlich alle schon besser. Der Vergleich macht alles kaputt. Da will ich nicht mitmachen. Dann zieh ich mich eben lieber zurück.«

Herr G. schaut Bastian nun wieder direkt an. »Macht Sie das glücklich?«

Bastian grinst.

»Nöö, glücklich nicht. Aber eben auch nicht total unglücklich.«

Herr G. schnaubt.

Bastians Grinsen wird breiter. Sarkastisch. »Wir müssen Sie fertigmachen, oder?«, er sieht Herrn G. voller Mitleid an. »Wir sind Ihre Plage, oder? Wir armen, depressiven, ausbildungsmüden Akademikerkinder.« Er lacht. »Ist ja aber auch echt schlimm mit uns. Und das Schlimmste ist: Uns werden Sie noch bis an Ihr Lebensende therapieren müssen.«

Herr G. verzieht keine Miene. Er deutet auf die Uhr.

»Bis nächste Woche.«

★

Anna hat es mit Yoga versucht. Weil die Arbeit an ihrem Körper schließlich Teil der Arbeit an ihrem Gesamtpaket ist. Weil ihr Körper irgendwann ein einziges Wrack war. Weil er sich schlaff und fett anfühlte. Und weil Anna sich dringend entspannen musste. Sagten zumindest ihre besten Freundinnen und ihre Mutter.

Beim Bikram Yoga erlitt sie sofort einen Asthma-Anfall. Anna wollte mithalten mit den durchtrainierten Körpern, die sich in knappen Yoga-Höschen vor ihr in der Hitze räkelten und verdrehten. Aber sie kam nicht mit. Die heiße, feuchte Luft ließ sie japsend zu Boden sinken, der Kurs wurde unterbrochen, der Trainer legte ihre Beine hoch und schaute besorgt. Anna war das furchtbar peinlich.

»Könnte es sein, dass Ihre Leiden psychosomatischer Natur sind?«, fragte der Lungenarzt sie. »Lassen Sie doch den Quatsch mit der Schwitzgymnastik. Gehen Sie mehr spazieren, Sie sind ja ganz blass, Fräuleinchen.«

Anna ging zum Kundalini Yoga. Der Kurs fand in einer düsteren Eso-Hütte, der Privatwohnung des Kursleiters, statt, in der es nach zu vielen Räucherstäbchen roch und alles mit Batiktüchern verhangen war. Die Leute waren Anna alle zu alt und auf unangenehme Weise wahnsinnig erleuchtet. Sie kannten den indischen Text der Shantis eine Spur zu perfekt auswendig und besprachen vor der Sitzung noch schnell die nächste Karma-Küchen-Session, bei der sie am Wochenende gemeinsam ayurvedisch kochen wollten. Bei der Endentspannung saß der Oberyogi, ein dicklichfleischiger kleiner Mann mit Glatze in seiner weiten orangenen Leinenhose, genau hinter Annas Kopf. »Wir entspannen unsere Baaaaauuuuuchdecke«, raunte er in unerträglicher Langsamkeit. »Unsere Bauchdecke ist eeeeeeeentspannt.« Anna öffnete die Augen. Der Yogi strafte sie mit einem irritierten, ernsten Blick. »Entspann dich«, flüsterte er und fuhr ihr mit seiner kleinen Wurstfingerhand über die Augen, als würde er die Augen einer Leiche schließen. »Wir entspannen unseren Darm und unsere inneren Organe«, sagte er wieder laut, für alle. »Unser Darm und unsere inneren Organe sind eeeeeeeeeentspannt. Ooooooommmmmmm.«

Anna ging nie wieder in die Yoga-Höhle. Sie ging zum Orthopäden. Und zum Augenarzt. Und zum Kieferspezialisten.

»Das ist der Stress«, sagte der Augenarzt zu ihrem Gerstenkorn, der Orthopäde zu ihrem ewigen Schulternhochziehen und der Zahnarzt zu ihrem Zähneknirschen. »Sie sollten sich dringend mehr Auszeiten gönnen.« Anna ließ sich pflanzliche Cremes für das Auge, Massagen für den Rücken und eine Beißschiene für die Nacht verschreiben.

Sie ging jetzt zum Ashtanga-Yoga. Dort powerte sie sich aus, bis ihr schwarz vor Augen wurde. Danach tat alles weh, Anna fror auf dem Rückweg im kalten Herbstwind und bekam eine starke Grippe. »Das ist der Stress«, sagte der Allgemeinarzt. »Machen Sie lieber eine Zeit gar keinen Sport, ruhen Sie sich lieber aus.«

Anna blieb zwei Tage im Bett, pumpte sich mit Em-eukal, Umckaloabo, Wick MediNait und Ingwerbonbons voll, bis sie wieder stehen konnte. Seitdem ext sie jeden Morgen zur Prophylaxe ein Fläschchen Orthomol, ein stinkendes, orange-dickflüssiges Vitamingetränk, mit dem sie die braune Omega-3-Lachsölkapsel herunterspült, die im Deckel unter einer Alufolie steckt.

Der Zaubertrank kostet zwar ein Vermögen, aber auf der Packung steht, das sei der ultimative Abwehraufbau. Und auch rein marketingtechnisch gesehen sind die Teile ziemlich professionell und glaubwürdig gemacht. Annas Ärzte, Apotheker und die Packungsbeilage sagen zwar, dass man die Fläschchen nur ein paar Wochen, nach starken Belastungen nehmen und dann wieder absetzen sollte. Aber sie alle verstehen nicht, dass Anna unter *permanenter* starker Belastung lebt. Um den vorwurfsvollen Blicken der Verkäufer zu entgehen, kauft Anna ihren Nachschub deshalb immer in unterschiedlichen Apotheken.

*

Bastian hat es mit Zen-Buddhismus versucht. Bille hat gemeint, er müsse sich endlich mal entspannen. Im Gegensatz zu allen anderen hat sie schon früh gecheckt, dass seine Lockerheit nur Fassade und er dahinter total unausgeglichen ist. Bastian fand das Zen Center sofort cool. So ernst, so strukturiert und gleichzeitig stresste hier niemand rum. Alle waren freiwillig da. Keiner wollte was vom anderen. Es ging ums Ankommen in der Situation. Hier war es okay, im sonstigen Leben auf der Suche zu sein. Hier war es okay, einfach zu sein, wer man war. Sogar dann, wenn man das selbst gar nicht so genau wusste.

Die disziplinierten Abläufe, das Schuheausziehen, die einheitliche schwarze Kleidung, die Positionierung im Raum, die Glockenschläge, all das war irrsinnig beruhigend. Gemeinsam mit der Gruppe starrte Bastian im Lotussitz die Wand an. Minuten, gefühlte Stunden, Tage lang. Es war zum Durchdrehen. Aber es war geil. Nichts denken, nichts tun zu dürfen. Komischerweise kam er damit klar.

Nach der zweiten Sitzung meldete Bastian sich zur gemeinsamen Fahrt raus aufs Land, ins Zen-Kloster, an. Er wollte sich das volle Programm geben. Eine Woche lang um halb fünf wie die traditionellen Mönche aufstehen, kein Wort sprechen, meditieren, Klos putzen, kochen, wieder meditieren. Die Vorstellung fand er abgefahren. Er fühlte sich bereit, sich dem auszusetzen. Bastian verschlang alle Bücher zum Thema aus der Stabi. Er erzählte all seinen Leuten von der großen Kunst des Za-Zen, des Sitzens ohne Absicht, ohne Ziel. Er hatte die Theorie voll drauf.

Einen Tag vor der Abfahrt betrank Bastian sich mit Bille. Bille hatte Geburtstag und depressive Panikschübe, weil sie dreißig wurde. Sie hatte Stress bei der Arbeit und fühlte sich insgesamt mies. Bastian musste einspringen. Sie machten eine große Tour, morgens um halb sechs saßen sie komplett besoffen auf der Parkbank, Bastian rekrutierte eine Gruppe von abgefeierten Passanten, die mit ihm zusammen Happy Birthday für Bille sangen.

Die Zen-Gruppe wartete um acht Uhr am Hauptbahnhof vergeblich auf ihren vielversprechendsten Schüler. Bastian knickte das Kloster und damit die ganze Meditiergeschichte. Das Streichholz namens Buddhismus war so schnell abgebrannt, wie Bastian es angezündet hatte.

*

Wir alle haben tierische Angst vor Sonntagen. Denn der Sonntag hat eine geheime Koalition mit all unseren Angst- und Psychomonstern geschlossen. An diesem Tag kriechen früher oder später all unsere Dämonen aus ihren Löchern hervor und tun sich zusammen. Sie ballen sich, transformieren sich, bis sie zu einer großen Frage gewachsen sind, die dann bei uns auf der Matte steht und eine Antwort will.

Meistens ist es am späten Sonntagnachmittag oder am frühen Abend so weit. Dann klopft sie an unsere Tür. Die Sinnfrage stampft herein, ungefragt trampelt sie mitten in den Raum. Es ist ihr völlig egal, bei was sie uns gerade gestört hat. Sie öffnet die Tür zu unserem Kopfkino, fläzt sich dort bequem in den erstbesten Sessel – und bleibt sitzen.

Fiese Fragen sind wir ja eigentlich schon lange gewohnt. Wir tragen sie in Form unseres Ohrwurms schließlich ständig mit uns herum. Aber nur am Sonntag verstummen alle Nebengeräusche. Und dann gibt es kein Entkommen mehr. Die Gedanken stürmen gnadenlos auf uns ein. Sogar Ironie hilft uns dann nicht mehr. Bevor wir uns recht versehen, haben die eifrigen kleinen Soldaten der Meta-Ebene in unserer Seelenlandschaft überall schon so dicht an dicht ihre Fragezeichenfahnen aufgespießt, dass sogar unsere altbewährte spöttische Distanz zu unserem Ich nicht mehr möglich ist. Und damit auch nicht zum Abgrund, den wir aus dem Augenwinkel ja eigentlich die ganze Zeit schon näherrücken sehen.

Erst am Sonntag schauen wir direkt in ihn hinein. Denn dann bekommen wir alle schockartig und gnadenlos endlich einmal das, was wir angeblich die ganze Zeit wirklich wollen: Zeit, um runterzukommen. Zeit, uns zu entspannen. Zeit, uns im Spiegel anzuschauen. Zeit, nur für uns selber.

★

Bastian ist um vier Uhr am Nachmittag aufgestanden. Wenn er unter der Woche an die Uni geht, schafft er es manchmal auch schon um zwölf, aber gestern war er unterwegs, feiern. Einmal durch alle Bars um die Ecke, wie immer mit Bille und Max, einem Kumpel von der Uni. Sie haben ständig Leute getroffen, wieder verloren und neue kennengelernt. Die White Russians vom Schluss kriegt Bastian zwar nicht mehr ganz zusammengerechnet. Aber es war echt witzig am Ende, so viel weiß er noch.

Bastian sitzt in der Küche auf dem abgeranzten gemütlichen schwarzen Ledersessel vom Flohmarkt unter seinem Bart-Simpson-Poster. Seine Wuschelfrisur ist noch wirrer als sonst. Bastian trinkt Espresso, raucht, isst ein paar Gummibärchen, die er sich heute Morgen noch an der Tanke geholt hat. Sein Kühlschrank ist mal wieder leer. Bastian schlendert durch seine Wohnung. Er hat nichts an, außer seiner Batman-Unterhose. Ein Geschenk von Bille zum dreißigsten Geburtstag. »Vielleicht lernst du damit ja endlich fliegen«, hatte Bille gesagt und gelacht. Bille ist echt in Ordnung, denkt Bastian. Er legt im Wohnzimmer Johnny Cash auf. Er macht sich einen Toast, findet ein letztes Stück Wurst, die leere kreisrunde Salamipackung wandert in den fast überquellenden Müll.

Den zweiten Toast isst er mit Senf. Das geht immer. Draußen wird es fast schon wieder dunkel. Die grauen Wolken hängen tief. Johnny Cash singt übers Folsom Prison. Der Toast schmeckt geil. »My name is Sue! How do you do?«, singt Bastian mit und kichert allein in seiner Küche.

*

Anna ist um neun Uhr zum Workout gegangen. Sie hat sich sowohl vorgestern, nach dem pseudo-freiwilligen Friday-After-Work-Bier in der Agentur, als auch bei dem langweiligen Umtrunk zu einer Galerieeröffnung von der Frau eines Kollegen lieber früh verabschiedet und dazu entschlossen, ganz früh aufzustehen, statt an diesem Wochenende loszuziehen. Sie hat heute Morgen die Yoga-Matte in den Schrank geräumt und ist ins Fitnessstudio gegangen. Eigentlich war sie viel zu müde, aber dieses Schwabbelgefühl um den Bauch herum konnte sie einfach keine Sekunde länger ertragen und die Anzeige auf dem Steptrainer, die ihr die verbrannten Kalorien anzeigte, war mindestens so beruhigend wie das Gefühl, Punkte auf ihrer To-Do-Liste abzuhaken.

Um zehn hat Anna eine Freundin und deren Wochenend-Besuch zum Frühstück getroffen. Anna hat viel über ihren Job geredet, bescheiden wie immer hat sie mit den Schultern gezuckt als die bewundernden Blicke sie trafen. »Wow, da bist du ja echt gut dabei«, hatte einer der Typen anerkennend gesagt. In genau diesem Moment klingelte passenderweise auch noch Annas iPhone. Ihre Chefin wollte einen Kontakt von ihr. Anna rollte mit den Augen. »Sorry, was hattest du grad gesagt?«, fragte sie, als sie aufgelegt hatte, und lächelte entschuldigend.

Während dann so alle ihre Gurkenscheibchen aßen, ihre Croissants mit Orangenmarmelade beschmierten, noch eine Portion Frischkäse mit Rucola und getrockneten Tomaten nachbestellten und ihre weichgekochten Eier vor sich hinköpften, hatte Anna sich umgesehen und all die Leute im Café beobachtet. Irgendwie hatte sie plötzlich alles von oben gesehen. Und sich selber mittendrin. Ich bin gut dabei, dachte sie. Und war zum ersten Mal nach langer Zeit sogar ein bisschen stolz auf sich.

Zu Hause hat Anna danach das Bad geschrubbt, gesaugt, gebügelt, Staub gewischt, Fenster geputzt, ihre Mutter angerufen, aufgeräumt, die Blumen umgepflanzt und nach drinnen geholt, eine Tüte für die Altkleidersammlung gepackt, Flüge für ihre Eltern gebucht, ihrer Oma eine Postkarte und die Reisekostenabrechnungen fürs gesamte letzte Jahr geschrieben.

Danach hat sie auf der iPod-Docking-Station im Wohnzimmer laut Musik aufgedreht und sich eine große Kanne grünen Tee gekocht. Sonntags lässt Anna die Kontaktlinsen in den Schälchen und trägt nur ihre große schwarze Brille. Sie steckt sich ihre Haare hoch, läuft in ihrer Gammeljeans und dem Little-Miss-Sunshine-Shirt, das ihr ihr Exfreund geschenkt hat, barfuß eine Runde durch die Wohnung. Anna hat keine Lust rauszugehen, das Kaffeedate mit Katrin verschiebt sie auf eine Stunde später. Am Sonntag lässt die To-Do-Liste solche spontanen Planänderungen zu. Anna schmeißt sich auf ihr Sofa unter die Bogenlampe. Draußen hängen die dunklen Wolken tief. Hinter Anna an der Wand strahlt über dem Sofa in kräftigem Rot das obligatorische »Keep calm and carry on«-Poster. Feist singt »1, 2, 3, 4«. Das Orthomol-Fläschchen hat heute weniger bitter als sonst geschmeckt. Anna gönnt sich eine Milchschnitte.

»I feel it all, I feel it all«, summt sie. Ihre nackten Füße baumeln im Takt auf dem Parkett. Anna lächelt allein in ihrem Wohnzimmer.

★

Bastian ist doch noch rausgegangen. Das Toast war irgendwann alle. Döner hatte er heute Morgen um vier schon. Pizza die ganzen letzten drei Tage davor. Und die Mensa hat sonntags zu. Jetzt steht er bei Lidl im Gang und sucht die Nudeln. Er hat Hunger.

Um Bastian herum stehen nur fertige Typen. Richtig harte Freaks. Der Lidl am Bahnhof ist der einzige Laden, der sonntags offen hat. Hier treffen sich sämtliche Penner, dicke Frauen, die kein Deutsch können, mit fünf kleinen Kindern im Gepäck, vereinzelte verschrobene Typen, die mit sich selber sprechen. Die Hälfte der Leute ist besoffen, die andere verrückt. Vor Bastian steht eine irre alte Frau mit fettigen Haaren. Sie tritt gegen den Leergutautomaten. Fünfundneunzig Flaschen hat der Automat gezählt. Jetzt streikt er. Bastian dreht durch. Er muss hier sofort raus. Raus aus diesem krassen Fegefeuer der sozial Abgestürzten, weg von diesem Flashmob sämtlicher Asis in town, in den er nur aus Versehen geraten ist.

Draußen auf der Straße atmet er tief durch. Er zieht sich seinen grauen Kapuzenpulli tiefer übers Gesicht. Bastian hat noch nicht geduscht, er hat Kopfschmerzen von gestern, er fühlt sich elend. Die Stimmung ist irgendwie gekippt. Bastian spuckt sein Hubba Bubba aus und zündet sich eine Kippe an.

Die Tanke hat auch Nudeln. Ein Glück.

*

Anna ist auf dem Weg zurück nach Hause. Vorhin wurde auf einmal doch alles wieder stressig, Katrin konnte sie nicht verschieben, das Telefon klingelte ständig, ihre Chefin rief noch dreimal an, um irgendwas nachzufragen. Anna tat, als habe sie nur darauf gewartet. Und kam deshalb zu spät zu Katrin.

Mit Katrin hat Anna früher Tennis gespielt. Sie hat sie im selben Café wie heute Morgen die anderen getroffen. Katrin ist wegen ihres Freundes zurück in die Stadt gezogen, die beiden wohnen jetzt zusammen in irgendeinem langweiligen Wohnviertel.

Seit Wochen schreibt Katrin Anna wegen eines gemeinsamen Kaffeetrinkens an, irgendwann hat Anna sich breitschlagen lassen. Katrin ist eigentlich ja auch 'ne ganz Liebe, denkt Anna, als sie auf den Tisch zukommt. Außerdem kennen sich Annas und Katrins Eltern, da käme Absagen nicht so gut. Und wenn nicht Sonntag, wann soll Anna solche Menschen sonst abfrühstücken?

Es war dann eigentlich auch doch ganz nett. Katrin und Anna sprachen über die alten Leute vom Tennis, der Trainer war mittlerweile mit der Mutter einer Schülerin zusammengekommen, die beiden hatten jetzt ein Kind. Anna tat es gut, sich ein bisschen von solchen unwichtigen Neuigkeiten berieseln zu lassen.

Im Gegenzug fand Katrin alles toll, was Anna erzählte. Sie staunte über alles, was Anna die ganze Zeit macht und tut und schafft und stemmt. Katrin selbst schreibt gerade ihr Examen in Pädagogik, im Sommer macht sie eine Schülerfreizeit und danach hofft sie auf eine Promotionsstelle an der Uni. Ihr Freund ist Verpackungstechniker. Sie haben sich gerade ein Katzenbaby gekauft, zum Start in der neuen Wohnung. »Drück mir die Daumen für die Stelle«, sagt Katrin zaghaft, »Ich hab ja nur einen Zweierabschluss.«

»Na klar schaffst du das! Tschaka!«, ruft Anna euphorisch. »Wenn sie dich nicht wollen, wen dann?! Ich denk auch immer, ich kann das alles nicht, und dann klappt es doch«, sie winkt ab. Die beiden lächeln sich an. Anna fühlt sich unwohl. Sie muss jetzt langsam, aber sicher auch mal zu ihrer To-Do-Liste zurück. Sie hat Hunger und vor allem keine Lust mehr, über Babykatzen zu sprechen. Oder über sich selbst zu erzählen. Vor allem nicht jemandem, der den Namen ihrer Agentur noch nie im Leben gehört hat.

Anna schielt auf Katrins Glas. Sie versucht auszurechnen, wie lange Katrin noch brauchen wird, um ihre Rhabarbersaftschorle auszutrinken. »Super, danke«, strahlt sie, als die Kellnerin die Rechnung bringt. Anna lädt Katrin ein. Die beiden Mädchen verabschieden sich an der Straßenecke. »Dein Schal ist schön«, sagt Anna, um noch was Nettes zum Schluss zu sagen. »H&M«, sagt Katrin, »von Kopf bis Fuß.« Sie lacht.

Anna eilt durch den Regen. Sie dreht den iPod auf. Phoenix. Ganz laut. Sie kann nicht mehr, sie muss jetzt echt mal allein sein. Sie kann nicht die ganze Woche Leute um sich haben und dann auch noch das ganze Wochenende. Hoffentlich treffe ich niemanden auf dem Nachhauseweg, denkt sie und zieht die Kapuze von ihrem grauen American-Apparel-Pulli tiefer ins Gesicht.

Zu Hause wirft sie sich aufs Sofa. Sie bleibt einfach dort sitzen. »Boah«, Anna seufzt laut in den leeren Raum. Sie ist erschöpft. Der iPod, den sie einfach abgeschmissen hat, spielt durch die Kopfhörerstöpsel auf dem Holzboden weiter. Anna schaltet ihn mit dem Fuß aus. Endlich Stille.

★

Bastian sitzt neben dem Nudelwasser. Er hört dem Blubbern zu. Vielleicht hätte er auch irgendwas als Soße kaufen sollen. Er stellt die Ketchup-Flasche kopfüber auf den Tisch. Ist ja jetzt auch egal. Er muss erstmal diesen Asi-Alarm da eben verkraften.

Das Telefon klingelt. »Boah«, Bastian seufzt.

»Hier ist dein Bruder«, sagt Michi.

»Na?«, murmelt Bastian. Er hat keinen Bock auf Reden.

Michi nervt ihn mit Orga-Fragen zum Sechzigsten ihrer Mutter. »Du, weißt du, ich hab da jetzt grad echt keinen Kopf für«, unterbricht Bastian ihn.

»Ich kann mich aber sonst nicht darum kümmern, Basti. Ich arbeite nun mal unter der Woche. Ar-beit, weißt du, was das ist...?«

Bastian schweigt. Er ist plötzlich wieder so aggro, dass er das Salz auf dem Herd auskippt.

»... hast du deinen Hartz-IV-Antrag eigentlich schon ausgefüllt oder ab dem wievielten Semester geben die den euch da an der Uni?«

Bastian explodiert. »Nicht jeder träumt davon, so ein scheiße langweiliges Leben als angepasster Versicherungsspacken zu führen wie du«, herrscht er in den Hörer. »Echt, lass mich einfach in Ruhe, Mann!«

Er legt auf. Das Telefon klingelt sofort wieder. Bastian geht nicht ran.

Die Nudeln sind verkocht. »Fuck you«, schreibt Bastian in Zeitlupe mit Ketchup in die geschmacklose Pastamasse.

★

Anna schafft es nicht, vom Sofa aufzustehen. Sie starrt ins Nichts. Draußen ist es dunkel geworden. Im Dämmerlicht, das die Flurbeleuchtung ins Zimmer wirft, schaut sie auf die Gegenstände in ihrem Wohnzimmer.

Alle sind Angebote, laut schweigende Aufforderungen. Alle machen ihr ein schlechtes Gewissen. Der Museumsführer für den Sommer, voller neongrüner Post-Its. Anna hat es zu keiner Veranstaltung geschafft. Die Laufschuhe, extra an ihren Fuß angepasst, die sie nicht benutzt. Der ungelesene *Spiegel*. Die ungelesene *ZEIT*. Die ungelesene *brand eins*. Die halb gelesene *NEON*. Die gelesene *Gala*. Der CD-Haufen, den sie brennen muss. Die Rechnungen. Der Rest ungebügelter Hemden. Die entwickelten Fotos, mit denen sie eine Collage basteln müsste zur Hochzeit ihrer Cousine. Der Fragebogen für Herrn G. Die To-Do-Liste.

Anna schließt die Augen. Sie zählt bis zehn. Bei zehn wird sie aufstehen.

★

Bastian steht vor dem Spiegel im Bad. »Was sind Ihrer Meinung nach Ihre Stärken? Was Ihre Schwächen?« steht im Psychofragebogen von Herrn G., den der für irgendeinen Antrag braucht. Bastian betrachtet sein Spiegelbild. Er schaut sich fasziniert in seine eigenen Augen. »Wer bist du, Sebastian Klasfeld?«, fragt er mit übertrieben tiefer Stimme. Die Iris seiner Augen zuckt. Bastian tritt einen Schritt zurück.

Seine Jogginghose schlabbert an ihm herunter. Obwohl er keinen Sport macht, hat Bastian breite Schultern. Er sieht gut aus. Das alte, rote Bandshirt von Panteón Rococó, das er aus Mexiko vom Ska-Festival mitgebracht hat, passt zu seinen dunklen Wuschelhaaren, seine Grübchen sieht man selbst jetzt, wenn er gerade nicht lächelt. Er hat sich seit drei Tagen nicht mehr rasiert, aber auch das sieht gut aus. Ein bisschen männlich, ein bisschen verwegen. Genau so wie die paar grauen Haare an seinen Schläfen. Bastian dreht sich nach rechts, nach links. Er braucht gar kein Fructis mehr, so abstehend sind die Haare im Moment von selber.

Bastian war ewig nicht mehr beim Frisör. Er fährt sich mit der Hand durch den unrasierten Nacken. Bald wird Bille wieder sagen, was sie immer sagt: »Du verlotterst, Herzchen.« Das ist Bastians Zeichen, zum Frisör um die Ecke zu gehen, zu dem man ohne Termin kommen kann und der einen für acht Euro wieder zivilisiert aussehen lässt. Bille sagt ihm auch, wenn er wirklich mal wieder putzen muss. Vorher tut er nichts. Er sieht den Dreck einfach nicht. Er stört ihn nicht.

Bastian nimmt eine Rolle Klopapier mit in die Küche. Er hat kein einziges Küchentuch. Und diesen Wisch-und-weg-Kram hält er für überbewertet.

*

Anna steht in der Küche. Ihr Kühlschrank ist immer voll. Nur leider wird immer alles schlecht, bevor sie zum Kochen kommt. Sie seufzt. Die Stimmung ist irgendwie gekippt. Vor dem Kühlschrank kniend, sortiert sie aus, schmeißt vergammeltes Essen weg. Sie bringt die Mülltüte sofort runter. Unordnung hält Anna nicht aus. Keine Sekunde lang.

Auf dem Küchentisch liegt der Fragebogen für Herrn G. Bis zur nächsten Sitzung braucht er ihn ausgefüllt zurück. »Welche

Rolle spielt Ihre berufliche Entwicklung in Ihrem Leben?«, steht auf Seite drei.

Anna wünschte, heute wäre ein Wochentag. Dann könnte sie zum Frisör gehen. Sie tritt vor den Ganzkörperspiegel im Wohnzimmer. Sie tritt ganz nah an ihr Spiegelbild, legt die Hände links und rechts am Goldrahmen ab.

»Hallo, Anna«, flüstert sie.

Ihre Augen sehen aus wie schwarze Löcher. Schon als Kind fand Anna es lustig, sich selber anzustarren, bis sich alles total merkwürdig anfühlt. Bis man nicht mehr weiß, wer wen anschaut. Heute ist ihr das unheimlich.

Anna dreht sich nach links und rechts. Sie sieht blendend aus. Das sagen ihr zumindest ständig alle. Und eigentlich weiß sie es auch. Aber heute fühlt sich alles falsch an. Ihre Haut ist schlecht, ihre Augenringe zu tief, ihr Blick zu leer. Der Nagellack bröckelt ab und ihre Haare am Pony zippeln schrecklich. Dieser eine zu lange halbe Millimeter treibt sie in den Wahnsinn. Alles hängt ihr ins Gesicht. Es kitzelt. Und es sieht einfach scheiße aus. An einem Wochentag könnte sie jetzt zu Mark rennen. Mark, ihr Frisör, der die Spülung immer extra lange einmassiert, sie mit seinen wunderbar schwulen Komplimenten einsäuselt und sie aus ihrem Zippelmartyrium innerhalb von fünf Minuten befreien könnte.

Lily aus der Agentur hat Anna ein Peeling empfohlen. Vielleicht hilft das jetzt. Denn irgendwas muss Anna sofort unternehmen, sonst fühlt sie sich einfach zu unwohl. Sie drückt eine pastellfarbene Masse aus der Peeling-Probe. Gurke, Avocado, Aloe Vera. Anna betrachtet ihr gleichmäßig eingeschmiertes weißes Gesicht im Spiegel. Sie muss an den traurigen Clown vom Zirkus Roncalli denken, der aus der Kugel steigt und melancholisch überdimensionierte Seifenblasen fliegen lässt.

Das Peeling muss fünf bis sieben Minuten einwirken. Es brennt schon jetzt höllisch.

★

Bastian hat jetzt doch Bock zu reden. Bille nicht. Das merkt er gleich, aber er versucht es trotzdem. Bastian erzählt ihr alles, was ihm in den Kopf kommt. Er textet von gestern, fragt, ob sich Bille an den fertigen Typen hinterm Tresen erinnert, ob sie noch mitgekriegt hat, wie er mit ihm um die Wette angefangen hat für das Mädel an der Bar das Alphabet zu rülpsen. Ob sie noch weiß, wie sie vor fünf Jahren auf dieser krassen Feier von Max immer wollte, dass er das vorführt, er aber so breit war, dass er nur bis C gekommen ist? Ob sie sich an den fiesen Schnaps erinnert, den sie damals immer getrunken haben? Und wie sie auf dem Balkon zu »Arbeit nervt« getanzt haben, bis die Nachbarn Stress gemacht haben?

Bastian kichert ins Telefon. Nebenbei wischt er mit dem Klopapier in der Küche das übergeschwappte Nudelwasser auf. Bille sagt nichts.

»Heute auf dem Weg zu Lidl hab ich bei der Hundewiese so krasse Kinder gesehen«, erzählt Bastian einfach weiter, »Die sind joggen gegangen, Bille, *joggen*. Joggende Kinder! Ich wollte die eigentlich anhalten und fragen: ›Ey, habt ihr sie noch alle?‹ Das geht doch gar nicht, oder?! Kranke Welt, ey, oder?!«

Bille brummt. Sie liegt in der Badewanne. Sie lässt Bastian reden. Das letzte Bier war gestern zu viel. Sie sei schlecht drauf gekommen heute Morgen, sagt sie zu Bastian.

Er überhört es.

»Kennst du das, wenn man sich so lange im Spiegel anguckt, dass man sich auf einmal voll strange fühlt?«, kichert er. »Hab ich eben gemacht ...«

*

Anna klappt ihr MacBook zu. Sie kriegt heute einfach nichts hin, weder den Fragebogen für Herrn G. noch die Überarbeitung ihres Profils auf Xing noch die ganzen e-Mails an Leute, bei denen sie sich längst hätte melden sollen. Und auch nicht ihren Lebenslauf, der auf die Mitarbeiterseite soll. Sie kann sich für kein Foto entscheiden. Geschweige denn dafür, was sie bei »Private Interessen« schreiben soll.

Der Workflow will sich heute einfach nicht einstellen. Die To Do Liste erzeugt nicht den üblichen Druck. Das Hamsterrad hat Anna heute einfach ausgespuckt. Sie kommt nicht mehr zurück rein, das Rad steht plötzlich still. Anna ist auf einmal alles egal. Ihr scheint das Gerenne komplett irre. Und sie fragt sich, worauf sie heute Mittag eigentlich so stolz war.

Wie toll ist es eigentlich wirklich, sich so dermaßen abzustrampeln, wenn man sich, sobald man eine ruhige Minute hat wie jetzt, so leer fühlt? Was, wenn sich dieser ganze Aufwand, das ganze Durchdrehen gar nicht lohnt? Wenn die Jahre praktikantischer Unterwürfigkeit, das nächtelange Durcharbeiten für die Uni und diese blöden Workshops über Selbstvermarktung sie nie weiter geführt haben sollten als zu diesem Punkt? Was, wenn sie gar nicht mehr weiß, wer hinter der Anna steckt, die sie ständig so erfolgreich verkauft?

Anna denkt an ihren KKV. Daran, wie sie im Workshop immer die Beste darin war, ihn herauszustellen, ihren Komparativen Konkurrenzvorteil. Wie sie deshalb spielend das behämmerte Rollenspiel gewonnen hat, in dem es um den Elevator Pitch ging. Um die beste Selbstdarstellung in vierzig Sekunden. »Stellt euch vor, plötzlich steht der Head of Recruting mit euch im Fahrstuhl – was sagt ihr?«, hatte Pamela, die Workshopleiterin in die Runde gefragt. Anna hatte abgeräumt. Bei der Feedbackrunde sagte jeder, dass er sie sofort hätte einstellen wollen. Nicht zuletzt deshalb, weil Anna immer so unglaublich natürlich rübergekommen sei.

Anna will sich nicht einstellen. Sie würde sich gerade am liebsten abstellen. Sie hat keine Lust mehr auf sich selber. Darauf, mit allem, was sie tut und sagt, zu zeigen, wie toll sie ist. Und dabei nie die Angst loszuwerden, ob sie dieser Rolle überhaupt entsprechen kann.

Warum kann ich nicht einfach sein wie Katrin?, fragt Anna sich. Katrin, die sich offensichtlich nicht so wichtig nimmt? Die wirklich bescheiden ist und nicht nur so tut? Die einfach nur nett ist und nicht mehr. Der das, was sie hat, zu genügen scheint? Die nicht so krank getrieben ist. Sondern ein ganz normales Leben führt. Warum kann Anna nicht auch so zufrieden sein? Warum kann sie nie aufhören zu denken?

Anna rollt sich in ihre Bettdecke auf dem Sofa ein. Sie könnte sich Sushi bestellen. Oder Ben & Jerrys. Damit wenigstens das Geld, das sie verdient, ausgegeben wird. Aber Anna hat keine Energie, zum Telefon zu gehen. Sie bleibt liegen. Und schaut Fernsehen ohne Ton. Der Mann mit dem eckigen Gesicht von »Titel, Thesen, Temperamente« guckt freundlich. Anna weiß, dass Bibi ihr heute nicht beim Einschlafen wird helfen können. Und dass das Hamsterrad sie trotz oder gerade wegen all ihrer heutigen Gedanken morgen wieder voll in Beschlag nehmen wird.

★

Bastian ist beim zweiten Bier. Max war auch nicht in Telefonierlaune. Bastian hat das genervt. »Passt schon«, hat er gemurmelt und aufgelegt, als Max meinte, sie könnten ja sonst gemeinsam »Tatort« gucken. Der Tatort war so langweilig, dass Bastian ihn sofort ausschalten musste. Er hätte sich eh nicht auf die Story einlassen können.

Bastian raucht am Küchenfenster. Er kommt einfach nicht in den üblichen Zeitverplemper-Flow, der sich sonst immer so leicht von selbst einstellt. Die Zeit will heute einfach nicht vergehen. Dafür kommen immer mehr Gedanken. Bastian fragt sich, warum er sich heute Nachmittag eigentlich so gut gefühlt hat. Bei all dem, was er nicht geschissen, gebacken und auf die Kette kriegt. Bei all dem Quark, aus dem er nicht kommt.

Bastian denkt ans KVV. Irgendwie ist es die einzige Konstante in seinem Leben. Dieses kleine Heftchen des kommentierten Vorlesungsverzeichnisses seiner Uni war in den letzten Jahren sein einziger Kompass. Wenn er sich alle paar Monate wieder ein neues kauft und neue Kurse und Seminare heraussucht, fühlt es sich an wie ein Neustart. Eine neue Chance. Dabei verarscht er sich eigentlich selber. Denn eigentlich tritt er die ganze Zeit auf der Stelle.

Warum kann er nicht einfach sein wie sein Bruder?, fragt Bastian sich. Michi, der sich selbst nicht so wichtig nimmt. Michi, der einfach gewissenhaft, beständig, verantwortungsbewusst und dabei sogar noch nett ist. Der nicht nur zufrieden tut, sondern es auch wirklich ist. Obwohl er nur bei einer langweiligen Versicherung arbeitet. Und seine Verlobte eine Schlaftablette ist.

Bastian rollt sich in seiner Bettdecke auf dem Sessel ein. Er kann sich selber nicht mehr beim Denken zuhören. Er hat die Nase sowas von voll von sich selber. Der Fernseher läuft ohne Ton. Guido Knopp versucht, freundlich zu gucken. Bastian weiß, dass weder Tarzan, Karl und Klößchen noch Justus, Peter und Bob ihm heute beim Einschlafen werden helfen können. Und dass morgen Mittag, wenn er aufsteht, sowieso alles wieder wie immer sein wird.

Der Trailer zur Show setzt ein. Das Studio ist in neonblaues Licht getaucht, der silbern-metallene Starumriss erscheint, der Schriftzug, die spacigen Scheinwerfer fahren auf die Bühne. Marco Schreyl grient fanatisch in die Kamera. »Willkommen zur letzten Mottoshow der diesjährigen Staffel von Deutschland sucht den Superselbstverwirklicher!!! Willkommen zu D-S-D-S!!!!!«, schreit er in kranker Euphorie durch den frenetischen Jubel der Massen.

Bastian sitzt ganz hinten auf der Zuschauertribüne. Er jubelt nicht mit. Nächste Staffel wird er mit dabei sein. Nächste Staffel, das schwört er sich und der Praktikantin, die neben ihm die Mikros sortiert, zeigt er der Welt endlich, was er kann.

★

»Ich habe am Wochenende noch mal über meine Metapher aus der letzten Sitzung nachgedacht«, erzählt Anna Herrn G. »Die mit der bescheuerten Castingshow.«

Herr G. nickt.

»Ich glaube – und das hört sich jetzt vielleicht merkwürdig an –, ich habe Angst vorm Gewinnen.«

Herr G. lächelt. Er scheint das nicht so revolutionär überraschend zu finden wie Anna.

»Ich habe Angst zu verlieren, aber mindestens genau so viel Angst davor, ganz oben anzukommen. Davor, mich dann dort oben halten zu müssen. Und mich dabei kaputtzumachen. Weil ich dann *nie* mehr zur Ruhe komme.«

»Könnten Sie sich vorstellen, Ihre Ansprüche an sich selbst ein wenig herunterzuschrauben?«, fragt Herr G. Anna ruhig.

Anna denkt nach.

»Naja ... Wenn ich weniger gebe, schlidder ich ja sofort ab. Dann gibt es sofort vier andere, die es statt mir machen könnten. Und dann kann ich ja nicht wieder Volontärin werden und auf einmal wieder nur das Kabel tragen. Da kann ich mich dann nie wieder blicken lassen. Dann wär ich sofort ganz unten.«

»Und wenn Sie etwas ganz anderes machen würden?«

»Aber in allem anderen wäre ich nur Mittelmaß. Und Mittelmaß geht auch nicht. Mittelmaß geht gar nicht.«

Anna grinst, ironisch, bitter.

»Das hört sich jetzt so arrogant an. Aber manchmal denk ich, ich wär gern ein bisschen dümmer. Vielleicht würde ich dann weniger denken. Und zur Abwechslung einfach mal zufrieden sein.«

Herr G. schnaubt.

»Meinen Sie, das würde Sie glücklich machen?«

»Keine Ahnung«, seufzt Anna, »Vermutlich nicht. Ich hab ja eigentlich vor allem Angst. Oben sein, oben bleiben, abrutschen, Mitte sein, unten sein, raus sein. Eigentlich ist alles falsch.«

Herr G. schnaubt erneut.

Anna grinst breiter, sarkastisch.

»Wir müssen Sie wirklich fertigmachen, oder?«, sagt sie und schaut Herrn G. mitleidig an. »Wir gestörten Stressmenschen mit unseren Luxusproblemen. Denen es eigentlich so verdammt gut geht. Sonntagmorgen zum Beispiel ging's mir total gut! Und trotzdem müssen Sie uns bestimmt noch bis an Ihr Lebensende ertragen.«

Herr G. deutet auf die Uhr.

»Bis nächste Woche«, sagt er höflich.

Vor der Praxis steht Bastian. Er hat es zum ersten Mal geschafft, pünktlich zu kommen. Anna lächelt ihn flüchtig an. Bastian lächelt zurück. Die beiden kommen sich bekannt vor. Anna hält Bastian die Tür auf. Bevor sie zufällt, schauen sich beide noch einmal um.

Heidi steht vor dem Jury-Tisch. Sie hat die Haare streng nach hinten gebunden, ihre Augenlider schimmern golden, auf ihrem knappen Kleid glänzen tausend Pailletten. Sie sieht aus wie ein unwirklicher Glitzerengel.

Es ist der letzte Entscheidungstag. Heidi schaut Anna streng an. Es ist diese aufgesetzte Strenge, die sich Heidi nur für ihre Favoriten aufspart. Hinter ihrem Rücken hält sie ein Plastikflugzeug. Das Symbol dafür, dass es von L. A. heute für Anna direkt zurück nach Germany gehen wird, nach Köln, in die Sporthalle, zum Finale.

Gleich wird sie Anna das Flugzeug überreichen. Die Spannung, die jetzt gehalten wird, ist nur noch Show für den Zuschauer. Anna ist trotzdem nervös.

»Anna«, sagt Heidi bedrohlich, als verlese sie ein Todesurteil, »wochenlang hast du einhundertfünfzig Prozent gegeben. Du hast jede Challenge gewonnen. Anna, du hast erreicht, wovon die anderen Mädels nur träumen können.«

Anna lächelt schüchtern.

»Nur deine Augen, Anna, sprechen manchmal eine andere Sprache. Anna, wir haben dir jede Woche gesagt, dass du nicht so ängstlich gucken darfst. Noch merken nur wir das, aber auf Dauer wird der Kunde das auch sehen.«

Heidi verlangsamt ihre Stimme bis zur Unerträglichkeit.

»Deshalb will ich wissen und ich frage dich jetzt ein letztes Mal, Anna.« Heidi dreht sich in Zeitlupe in eine andere Kamera. »Anna, bist du dir sicher, dass du hier gewinnen willst? Willst DU ins FINALE?«

Anna lächelt.

»Anna, willst DU Germany's Next Selbstverwirklicher werden?«, fragt Heidi, ihre Stimme wackelt in bedrohlichen Sphären.

Anna schaut ihr fest in die Stahlaugen. Ganz so, wie sie es im Workshop gelernt hat.

»Ja«, sagt sie mit klarer Stimme, »ja, das will ich. ICH will Germany's Next Selbstverwirklicher werden. Und ich werde ALLES dafür geben.«

Liebe:
Die Angst vor dem verlorenen Ich

Im Zweifel für den Zweifel
Und für die Pubertät
Im Zweifel gegen Zweisamkeit
Und Normativität
    Tocotronic, »Im Zweifel für den Zweifel«

Wir alle glauben noch an die Liebe. Selbst, wenn wir oft genug nüchtern und abgeklärt das Gegenteil behaupten. Oder sie zumindest nicht mehr unbedingt »die große Liebe« nennen würden. Denn uns ist natürlich bewusst, wie irrsinnig naiv unser romantischer Glaube an die ewige, glückliche Zweisamkeit mittlerweile geworden ist. Wir müssten uns schon sehr große Scheuklappen aufsetzen, um auszublenden, wie rechts und links von uns permanent aneinander gezweifelt, einander betrogen, sich getrennt und neu zusammengefunden wird. Wir wissen selber nur zu gut, wie unwahrscheinlich es ist, dass es gerade bei uns auf Dauer anders laufen könnte.

Doch irgendwie glauben wir eben immer noch, dass es klappen kann. Dass man es schaffen kann. Dass man für immer mit dem einen Jemand, den man liebt, zusammenbleiben kann. Wenn man vielleicht nur ein bisschen seine Ansprüche und Erwartungen herunterschraubt. Wenn man vielleicht nur ein bisschen im Kopf behält, dass keine Beziehung und kein Mensch perfekt ist. Und man selber schon gar nicht.

Dummerweise haben wir in den letzten Jahren aber leider genau das Gegenteil getan. Wir haben unsere Erwartungen immer höher gesteckt. An den anderen, ans Zusammensein. Und an uns selbst. Denn wie bei allem anderen in unserem Leben geht es auch bei der Wahl unseres Partners schließlich um nichts Geringeres als um das, was wir *wollen*, um das, was wir *sind*. Es geht um nichts Geringeres als unseren eigenen, riesigen, erdrückenden Anspruch herauszufinden, was und wer genau zu uns passt. Was und wen wir *brauchen*, damit unser Glück, damit wir *perfekt* werden.

★

Anna schaut an die sternenlose Decke ihres Hotelzimmers. Eben gerade war sie noch stockbesoffen. Aber irgendwie fühlt sie sich jetzt, im ruhigen Raum abseits der Feiergesellschaft, plötzlich wieder ganz nüchtern.

Anna ist nackt, bis auf ihr cremefarbenes Spitzenhöschen. Ihre Frisur ist noch hochgesteckt, alles andere hat sie von sich geworfen, ihr Rock liegt auf dem Boden, die Strumpfhose, das Oberteil. Ihre Kleidung ergibt einen Pfad von der Tür zum Bett. Es sieht aus, als habe sie jemand wild ausgezogen und auf die Matratze geworfen. Dabei war sie es selber.

Die Hotelzimmerdecke wiegt sich sanft hin und her. Seegang, denkt Anna. Vielleicht ist sie doch noch ein bisschen betrunken. Mit geschlossenen Augen lässt sie den Tag der Hochzeit clipartig Revue passieren. Es war schrecklich. Von der ersten Sekunde bis zum letzten Moment. Einfach ein zu großes, überfrachtetes Fest der Romantik, der maßlos übertriebenen, kitschig inszenierten Zweisamkeit. Annas Gesicht ist ganz verspannt vom ewigen Dauerlächeln. Sie macht den Mund weit auf und wieder zu. Ihre Kieferknochen knacken. Für sie war das heute das ultimative Fest der Einsamkeit.

Anna ist seit einem halben Jahr wieder Single. Es kommt ihr vor wie eine Ewigkeit. Wenn sie wollte, könnte sie diesen Zustand natürlich sofort ändern. Die Männer liegen ihr zu Füßen. Für sie stellen sie sich alle auf den Kopf. Das war schon immer so.

Aber Anna ist daran gewöhnt, Möglichkeiten an sich vorüberziehen zu lassen: Die Männer, die sie auf dem Weg zur Arbeit verfolgen, die Männer, die ihr in der Bahn ihre Visitenkärtchen zustecken, die Typen, die sie bei Facebook anschreiben. Ihren Masseur, der sie jedes Mal, wenn sie halbnackt auf den heißen Fango-Packungen liegt, zum Kaffee überreden will, ihren Nachbarn, der mittlerweile ein bisschen sehr oft klingelt, weil ihm sein Mehl ausgegangen ist. Und natürlich all diejenigen, die sie bei der Arbeit trifft. Wegen denen ihre Chefin jedes Mal noch die zweite SMS schreibt, wenn sie sich nach dem Verlauf eines Kundentermins erkundigt: »PS: Wie viele Herzen hast du heute wieder gebrochen?«

Natürlich spürt Anna die Blicke, sie ist ja nicht blöd. Und es ist nicht so, als würde sie sie nicht genießen. Sie genießt sie. Nur hat sie oft das Gefühl, dass all diese Männer gar nicht *sie* sehen. Sondern nur eine erfolgreiche, hübsche, schlagfertige, atemberaubende Hülle von ihr. Die sie ja auch ist beziehungsweise besitzt. Aber eben nicht nur. Eigentlich sucht Anna nämlich einfach nur jemanden, der genau das kapiert. Jemanden, der einfach nur neben ihr auf dem Sofa unter der Bogenlampe liegt und der sie dort in Schlabberjeans ebenso oder sogar noch mehr liebt als aufgebrezelt für irgendeine Präsentation oder ein Business Dinner.

Felix war so jemand. Der Typ, der letztens vor Herr G.s Praxis stand, hat Anna an ihn erinnert. Die beiden hatten irgendwie denselben Blick, dieses kindliche Blitzen in den Augen. Und dieselben Grübchen.

*

Herr G. schließt das Fenster zur Straße.

»Würden Sie sagen, dass Sie sich einsam fühlen?«, will er von Bastian wissen.

Bastian zuckt mit den Schultern. Er verzieht den Mund nach unten.

»Nö.«

Herr G. nickt. Er sieht Bastian freundlich an. »Wie lange dauerte Ihre längste Beziehung?«

Bastian rechnet. »Puh, … ein Jahr vielleicht? Allerhöchstens. Länger ging's nie. Da scheint's bei mir so 'ne Art magische Grenze zu geben.« Er zuckt erneut mit den Schultern. »Is' halt so.«

Im Moment ist Bastian Single. Er versucht gerade, eine kleine Pause zu machen. Pause vom Beziehungsstress, Pause vom ewigen Heckmeck, vom ständigen Hin und Her. Von der ganzen Herzscheiße. Ein Vierteljahr hält diese Pause jetzt schon an. Es kommt Bastian vor wie eine Ewigkeit. Wenn er wollte, könnte er diesen Zustand natürlich sofort ändern. Möglichkeiten hat er schließlich genug. Das war schon immer so. Und normalerweise nutzt er sie auch. Seit Bastian denken kann, ist sein Weg gepflastert mit verknallten Mädchen und gebrochenen Frauenherzen. Keine schönen Geschichten waren das. Vor allem die letzte nicht, mit Hannah.

Das Mädchen, das letzte Woche vor Herr G.s Praxis stand, hat Bastian ein wenig an Hannah erinnert. Sie hatte irgendwie dieselbe Körperhaltung. Dieselbe Mischung aus starker Frau und labilem kleinen Mädchen.

Herr G. seufzt. Er sagt, Beziehungsunfähigkeit sei jetzt gleich schon wieder so ein großes Wort. Vielleicht solle man eher von wiederkehrenden Mechanismen sprechen? Mechanismen, die es abzuwenden gelte, wenn eine Paarbeziehung länger bestehen soll. Aber darüber müsse man sich natürlich überhaupt erst einmal klarwerden. Über das, was man eigentlich will.

*

Dabei ist das Wollen nun wirklich nicht unser Problem. Wollen tun wir ja! Sogar sehr.

Wenn wir ehrlich sind, haben wir nämlich mittlerweile überhaupt keine Lust mehr auf Suchen. Wir wollen endlich finden. Wir wollen zur Ruhe kommen. Uns endlich einmal entscheiden. Wir haben es satt, so bescheuert sarkastische Dinge wie »Lebensabschnittspartner« zu sagen. Denn wir finden es eigentlich weder lustig noch erstrebenswert, noch mutig, Beziehungen aufzugeben und alles hinzuschmeißen.

Und auch, wenn wir es nicht so leicht zugeben können und um Himmels willen nicht so verzweifelt auf der Suche danach wirken wollen: Wir alle sehnen uns nach Geborgenheit. Wir alle haben Angst vor Einsamkeit. Keiner von uns will ernsthaft für immer ein freischwebendes, ich-bezogenes, ewig flexibles Individuum sein. Auf Dauer wollen wir nicht allein, sondern zu zweit sein.

Irgendwann bald wollen wir jemanden finden, mit dem wir uns setteln können. Mit dem wir ein Zuhause aufbauen können. Vielleicht noch nicht jetzt sofort, aber eben doch in den nächsten Jahren. Denn egal, wie sehr wir unser selbstbestimmtes studentisches Leben auch genossen haben: Irgendwann soll auch mal Schluss sein damit. Und dann wollen wir mehr als ein Fach im geteilten Kühlschrank. Dann wollen wir mehr als den Scheiben-Gouda von »Ja!« und die eingeschweißte Salami von »Gut und Günstig«. Dann wollen wir nur noch das gute Gemüse von Alnatura und das Obst vom Wochenmarkt. In unseren Duschen soll dann nicht mehr nur Kram von Balea stehen. Wir wollen dann nicht mehr all unsere Unterwäsche bei H&M kaufen. Und das Wasser, das wir dann trinken, wird nicht mehr aus dem Hahn kommen, sondern gekauftes aus der Flasche sein. Und zwar nicht aus einer, die »Saskia« heißt. Unsere Kingsizebetten werden wir dann endlich auf Dauer mit jemandem teilen. Oder uns, noch besser, zusammen einfach ein neues, noch größeres kaufen.

So oder so ähnlich soll es dann aussehen, in unserem schönen, erwachsenen Zuhause, das wir uns bald einrichten.

Und wenn wir damit fertig sind, wollen wir Kinder. Wir alle

träumen von kleinen, süßen Kindern. Denen wir Bioäpfelchen aufschneiden können. Die wir auf dem Spielplatz auf ihre vom Toben roten Bäckchen küssen, denen wir die Näschen putzen und denen wir verliebt hinterherlächeln können, wenn sie zurück in die Sandkiste rennen. Wir alle wünschen uns süße, kleine Kinder, die mitten in ihren gedankenverlorenen Spielen manchmal plötzlich zu uns aufsehen und uns »Mama« oder »Papa« entgegenrufen. Und die wir später, nachdem sie erschöpft auf unseren Armen eingeschlafen sind, zurück in unser schönes Zuhause tragen können.

Das Wollen, so glauben wir, ist nun wirklich nicht unser Problem.

*

Als Bille vor ein paar Wochen die Einladung mit dem großen Schriftzug »Wir trauen uns!!« in ihrem Briefkasten gefunden hatte, hatte sie sofort Bastian angerufen. Nicht nur, weil Bastian immer für alles zu haben ist, immer Zeit und Lust auf alles hat, sondern vor allem, weil nur er Bille gegen die blöden Blicke abschotten können würde, die auf Hochzeiten wie der ihrer alten Schulfreundin Susi jeden, der alleine kommt, noch gnadenloser treffen als sonst.

Samstagmorgens um acht, für beide noch mitten in der Nacht, hatten Bastian und Bille sich also in Schale geschmissen. Bille hatte versucht, noch schnell Bastians knitteriges Hemd zu bügeln, während sich Bastian mit Hilfe von gegoogelten Anleitungen und Michi am Telefon darum bemüht hatte, seine Krawatte richtig zu binden. Bastians alte Anzughose war ihm zu kurz und gute Schuhe hatte er keine gefunden. Er ging deshalb in Wanderstiefeln. Bille hatte ihn ausgelacht. »Soll ich mich rasieren?«, hatte Bastian sie mit vom zu früh unterbrochenen Schlaf und von Zigaretten rauer Stimme gefragt. »Eigentlich ja, aber wir haben keine Zeit mehr, wir müssen los«, hatte Bille gerufen und war zum

Auto gestolpert. Sie waren beide noch fertig von der vorherigen Nacht gewesen. Verkatert und mit Sonnenbrillen auf den Nasen waren sie eine Stunde zu spät in Billes beuligem, altem Golf in Richtung Schlosshotel, kurz außerhalb der Stadt, aufgebrochen, in dem das Fest steigen sollte. »Die haben bestimmt ein total geiles Büffet aufgefahren!«, hatte Bastian durch den Fahrtwind gerufen. »Und krassen Champagner! Wird bestimmt derbe lustig, wirste sehen!«

*

Anna hatte Felix vor einem Jahr auf einer Geburtstagsfeier kennengelernt. Felix hatte die Küche betreten, sich neben sie gestellt, hatte sie angelächelt und sie nach ihrem Namen gefragt. Anna hatte drei Stunden mit ihm durchgeredet, ohne auch nur einmal zwischendurch auf ihr Handy zu gucken. Die beiden hatten das Fest erst verlassen, nachdem alle anderen gegangen waren, Felix war danach noch mit Anna durch die dunkle Stadt spaziert, er hatte sie bis nach Hause begleitet, und unten vor ihrer Haustür hatten sie sich zum Abschied fünf Minuten lang umarmt.

Für beide war offensichtlich gewesen, dass hinter Felix' Einladung zu einem gemeinsamen Kaffee am nächsten Morgen eigentlich sofort die Frage stand, ob sie ein Paar werden würden. Ohne zu zögern, hatte Anna Ja gesagt.

Felix war zwar nicht gerade das, was Anna und ihre beste Freundin Marie einen Maker nennen würden. Aber er tat ihr gut. Denn Felix ruhte in sich selbst. Er hatte keine Probleme durchzuschlafen, er hatte keine nervös bedingten Rückenschmerzen, und er fand es nicht schlimm, wenn Anna aus Erschöpfung in ihrer Küche weinte. Er konnte sie sogar dann noch beruhigen. Vielleicht weil er selber keine Zukunftsangst kannte. Felix wollte Lehrer werden, vor seinem Referendariat wollte er sich Zeit nehmen, um in Ruhe zu studieren. Ihm war wichtig, dass ihm das, was er las und schrieb, Spaß machte. Ihm war der Kontakt zu den

Kindern im sozialen Projekt bei ihm um die Ecke wichtig. Und ihm waren die Semesterferien wichtig, in denen er mit seinen Freunden im VW-Bus durch Südfrankreich fuhr. Wichtiger als sein Notendurchschnitt, der aber trotzdem ganz gut war.

Anna war von Felix' Gelassenheit beeindruckt. Und von der Sicherheit, mit der er hinter ihr stand. Felix wollte sie und keine andere.

Er war einer dieser Menschen, die das Beziehungsstatus-Feld bei Facebook tatsächlich ausfüllen. Einer von denen, die sich irgendwann so sicher sind, dass sie mit der richtigen Person zusammen sind, dass sie tatsächlich »In einer Beziehung« schreiben.

Nach einem Monat sagte Felix das erste Mal »Ich liebe dich«. Es war der Tag, an dem er Anna das Little-Miss-Sunshine-Shirt schenkte. Anna lächelte. Ohne zu zögern, sagte sie: »Ich dich auch.« Ab da wurde alles noch viel schöner.

Felix schenkte Anna den Sternenhimmel. Er klebte unendlich viele kleine Leuchtsterne an ihre Zimmerdecke, neonfarbene Sticker, die das Tageslicht speicherten und nachts vor sich hinfunkelten wie Glühwürmchen. Er arrangierte sie so über dem Bett, dass Anna direkt auf die Mondsichel schaute.

Zum Geburtstag überraschte Felix sie mit einem gemeinsamen Wochenende in Paris. Dass sie dort in der Jugendherberge schliefen, weil er nicht so viel Geld hatte wie Anna, war ihr egal. Das gemeinsame Wochenende in Frankreich hatte sich angefühlt wie eine nicht enden wollende Gauloises-Werbung. Felix hatte sein Hemd weit aufgeknöpft getragen, im Café rauchte er lässig, während er Anna aus der *Monde* vorlas und mit der anderen Hand ihren Bauch streichelte. Anna trug eine riesige Sonnenbrille und einen Hut, den sie an einem Straßenstand im Marais gekauft hatten. Sie ließ ihre Füße am Ufer der Seine bräunen und brach sich ein Stück vom frischen, noch warmen Landbaguette ab, während Felix auf perfektem Französisch den Bäcker imitierte, der beim Anblick von Anna vor versammelter Kundschaft in gespielter

Überwältigung »Quelle femme!« ausgerufen und in seine Hände geklatscht hatte, bis das Mehl aufgeflogen war. Felix strahlte in tausend Grübchen. Er war stolz.

Und Anna glücklich. »Liberté toujours«, schrieb sie auf die Postkarte an Marie. Mehr nicht.

★

Es stimmt: Vor nicht allzu langer Zeit waren wir alle noch komplett anders drauf. In den letzten Jahren sind wir noch auf einer ganz anderen Reise gewesen. Erst vor kurzem noch befanden wir uns auf einem großen, offenen Trip ins Unbekannte. Auf dem es um nichts anderes als um unsere persönliche Entwicklung ging. Auf dem es nicht so schlimm war, wenn wir uns, nachdem wir uns durch irgendwelche Zufälle getroffen hatten, wieder voneinander verabschiedeten. Auf dem wir es nicht immer gleich persönlich nahmen, wenn unsere Wege, nachdem sie sich irgendwo gekreuzt hatten, wieder auseinanderliefen. Auf dem eigentlich nur galt: Wenn irgendwann Schluss ist, dann ist das eben einfach so.

Was natürlich nicht hieß, dass es nicht weh tat. Es tat sogar höllisch weh. Doch wir hatten die professionellsten Tröster an unserer Seite, die man sich vorstellen kann. Sie hießen Wir Sind Helden. Und waren auf alles vorbereitet. Wenn sie uns verspielt-melancholisch ins Ohr sangen, dass die Zeit alle Wunder heilt, glaubten wir ihnen sofort.

Sie waren dabei, wenn wir unsere blutenden Herzen pathetisch mit Alkohol zu betäuben versuchten, sie begleiteten unsere Versuche, nüchtern den Kontakt abzubrechen, sie kamen mit, wenn wir verletzt wegfuhren, und sangen immer noch für uns, wenn wir nach unserer Rückkehr erstarkt und selbstbewusst wiederkamen. Wenn wir dann wertvoll Freunde blieben. Und es am Ende voll neuer Hoffnung natürlich doch noch einmal miteinander versuchten. Sie richteten uns wieder auf, wenn wir uns nach einer weiteren emotionalen Achterbahnfahrt von dramatisch durchstrittenen, traurig durchtränten und beklemmend durchschwiegenen Tagen und Nächten dann doch wieder und diesmal endgültig trennten. Sie brachten uns bei, dass unser Trennungsschmerz im Nachhinein sogar lohnend erscheinen konnte, und wegen ihnen stimmten wir irgendwann sogar doch mit unseren Freunden in den großen, gemeinsamen Mutmacher-Chor ein, der beteuerte, dass sich mit jedem Fenster, das man schließt, irgendwo ein anderes öffnet. Sie waren es auch, denen wir letztlich verdanken, dass wir uns eines Tages doch wieder frisch verlieben konnten.

Und dann also mit jemand Neuem im WG-Zimmer unter der Bettdecke lagen. Mit dem wir morgens unter der Dusche so lange kichern konnten, bis die genervten Mitbewohner an die Badezimmertür hämmerten. Mit dem wir uns jeden Tag nach dem Seminar trafen, um mit dem Fahrrad in den Park oder ans Flussufer zu fahren. Mit dem wir uns dort ein Bier teilten und die Sammelsüßigkeiten aßen, die wir vorher gemeinsam beim Türken zusammengestellt und in eine der Papiertüten mit Herzchen drauf gesteckt hatten. Mit dem wir uns gegenseitig mit Grashalmen auf dem Rasen zwischen den kiffenden Trommlern kitzelten oder am Ufer Steine sammelten, die wir auf dem Wasser springen ließen. Mit dem wir danach etwas ernster über unsere Kindheitsträume, über die Abnabelung von unseren Eltern, das Praktikum, das wir im nächsten Jahr machen wollten, und die Länder, die wir gerne noch bereisen würden, reden konnten.

Vielleicht, sagten wir damals, während wir uns gegenseitig mit sauren Heringen, weißen Mäusen und Apfelringen fütterten, so dahin, wollten wir im nächsten Sommer, in den Semesterferien, eine riesige Interrailtour durch Europa unternehmen. Wir fragten den anderen natürlich nicht direkt, ob er uns auf diese Reise begleiten würde. Aber es schwang mit, während wir Hand in Hand in die untergehende Sonne über den Bäumen oder dem

Fluss blickten und ironisch »Ach, ist das romantisch, oder?« seufzten.

Als es kalt wurde, krochen wir mit unserer neuen Liebe zurück in unsere kuschelige WG-Zimmer-Welt und verließen ganze Wochenenden lang nicht das Bett. An den Montagvormittagen schwänzten wir die Vorlesung. Statt an die Uni zu fahren, blieben wir lieber eng umschlungen liegen und verglichen, während Jack Johnson, von seiner Ukulele begleitet, von »Banana Pancakes« und dem Gefühl, einfach weiter Wochenende zu spielen, sang, unsere Zehen, die genau so innig ineinander verhakt wie wir unter der Ikea-Bettdecke herausschauten.

Eine kleine Ewigkeit lang schien unser Leben auf diese Weise in rosa Watte gepackt zu sein. Alles war einfach. Und es schien so zu bleiben.

Irgendwann machten wir unsere Beziehung deshalb vor aller Welt offiziell. Wir brachten es sogar schonend dem oder der Ex bei. Und spätestens nach diesem großen Schritt wurden aus unseren Plänen nur noch gemeinsame. Alles wurde nun tiefer, bedeutungsvoller. Wir lernten die Eltern des anderen kennen, wir flogen zusammen mit Ryan Air nach Sardinien in den Pärchenzelturlaub und wollten das Erasmussemester als Chance für unsere Beziehung begreifen.

Im Winter erstanden wir an den Buchständen vor der Uni in der Mittagspause zwischen den Vorlesungen eine gebrauchte alte Ausgabe von Erich Fromms *Die Kunst des Liebens*. Mit Füller ergossen wir eine gewagt tiefsinnige Widmung auf die erste Seite, unterschrieben das Ganze liebevoll mit dem Monat und der Jahreszahl und schenkten uns das Buch dann gegenseitig zum Geburtstag. Zusammen mit vier schwarzweißen Passbildern aus dem Oldschool Fotoautomaten um die Ecke, auf denen wir mit unseren Händen ein Herz formten.

Vielleicht hätte es geholfen, wenn wir Erich Fromms Weisheiten nicht nur zur Hälfte, sondern ganz gelesen hätten. Vielleicht auch nicht. Wir werden es nie erfahren. Denn aus irgendwelchen Gründen kam es dann jedenfalls doch nicht mehr dazu, dass wir den Auslandsaufenthalt als Beziehungschance begreifen konnten. Denn irgendwann war es plötzlich merkwürdig zwischen uns geworden. Auf einmal wollten die Sonntage im Bett nicht mehr wirklich funktionieren. Und außerhalb des Bettes hatten wir uns irgendwie auch nicht mehr so viel zu sagen. Unsere Beziehung war langweilig geworden. Oder kompliziert. Oder beides.

Ohne dass wir es bemerkt hatten, war der Zweifel in unsere WG-Hochbetten eingezogen. Und wir hatten ihn erst gespürt, als es bereits zu spät war. Es war ein Gefühl, wie wenn man irgendwo in einer Zimmerecke eine Ameise entdeckt, dann noch eine und noch eine und noch eine – bis man geschockt realisiert, dass bereits die ganze Wohnung befallen ist und einem nichts anderes mehr übrigbleibt, als schreiend hinauszurennen. Wir vereinbarten erst einmal, auf Abstand zu gehen.

Die Jungs legten das Erich-Fromm-Büchlein nach einigen Wochen in einen Schuhkarton und schoben ihn unters Bett. Sie lasen jetzt lieber doch noch einmal den *Fänger im Roggen*, den *Steppenwolf* oder irgendwelche anderen Bücher von Hermann Hesse. Die Mädchen taten dasselbe. Mit dem Unterschied, dass sie, statt J.D. Salinger zu lesen, immer wieder *Die fabelhafte Welt der Amélie* auf DVD sahen und danach das traurige Klavierstück vom Soundtrack auf Repeat hörten, während sie kannenweise Roibusch-Karamell-Tee tranken und ihre Gedanken in ihrem Tagebuch niederschrieben.

Wir trennten uns entweder noch in der Woche vor unserer Abreise oder im ersten Vierteljahr im Ausland, dann weniger schön, spätabends per Skype.

Mit der Verstärkung unserer spanischen, französischen oder italienischen Mitbewohner grölten wir danach ein paarmal »I will Survive« in der Version von Cake oder »Junimond« von

Rio Reiser in die Nacht und schliefen danach alle zusammen auf dem Sofa in der Küche ein. Wir identifizierten uns nun extrem mit dem Typen von *L'Auberge Espagnole*, der nachmittagelang nichts anderes tat, als sich vor dem Fernseher zu betrinken, weil die süße Audrey Tautou ihn verlassen hatte.

Nach dem Erasmussemester mussten wir wiederum einsehen, dass physische Nähe uns in Beziehungen doch nicht so unwichtig war, wie wir gedacht hatten. Nach einigen Wochen machten wir deshalb in einer erneut sehr merkwürdigen und unschönen nächtlichen Skypesitzung mit unseren einstigen petits amis, chéries oder amors Schluss und entschieden uns, dass eine deutschsprachige Beziehung auf Dauer vermutlich sowieso einfacher zu managen wäre.

★

Bislang höre sich das alles aber gar nicht so unfähig an, sagt Herr G. Er findet diese Beziehungsbiographie sogar eher auf gesunde Art »lebendig«. An manchen Stellen schmunzelt er leise in sich hinein.

Bastian ist sich nicht sicher, ob er das als Beleidigung auffassen soll. Er entscheidet sich dagegen.

Herr G. zückt seinen Notizblock.

»Sie sagten, es gebe bei Ihnen immer so typische Abläufe. Was meinen Sie damit?«, fragt er.

Bastian grinst. »Soll ich Ihnen jetzt die Verfallskurven meiner Beziehungen aufzeichnen, oder was?«

Herr G. schüttelt den Kopf. Er lächelt. »Erzählen reicht, danke.«

Bastian atmet tief aus. »Aaaaalso, wo fange ich denn mal an?«

Für Bastian sind Frauen Streichhölzer. Aufreißen, Anzünden, Abbrennen, Ausglühen, Wegschmeißen. Das ist der Ablauf seiner Beziehungen. Einen anderen kennt er nicht. Das Einzige, was je variiert hat, war die Länge der Stadien. Manchmal brannte das

Feuer sehr kurz, grell und heftig, manchmal ein bisschen schwächer und dafür länger, und manchmal glühte es einfach nur so vor sich hin. Das Ende aber kam immer irgendwann. Und direkt danach ein neuer Anfang. Sofort brannte irgendwo in der Nähe wieder ein neues Licht, in das Bastian sich stürzen konnte. Eine neue Flamme, die ihn begeisterte.

Und so ist es auch heute noch. Am Anfang fährt Bastian für die Frauen, die sich in ihn verlieben, alles auf, was er hat. Er zeigt dann vollen Einsatz: Er ist romantisch, stürmisch, verspielt, verrückt. Bastian weiß, was für eine Energie er dann haben kann. Vor allem, weil er das, was er sagt, dann auch genau so meint. »Ich will dich sehen«, raunt er nachts und schaltet das Licht, direkt nachdem er es gelöscht hat, noch einmal an. »Ich will alles von dir sehen«, fordert er voller Gefühl, während seine Augen vor Begeisterung blitzen, und: »Du machst mich so glücklich.«

Die Letzte, zu der er das gesagt hat, war Hannah. Hannah war cool. Sie stand mitten im Leben. Sie war dreißig und arbeitete schon seit Jahren bei einer großen Filmproduktionsfirma. Sie brachte Bastian lustige Promotiongimmicks von neuen Filmen mit. Sie lachte über seine Hubba-Bubba-Blasen. Sie lachte darüber, wie er ihr am Sonntagmittag in seinen Superman-Boxershorts vor dem Bett tanzend Adam-Green-Songs vorsang, darüber, wie er ihr mit verstellter Stimme Comics vorlas, und darüber, wie er mit derselben Stimme danach Pizza bestellte. Sie fand es romantisch, wenn er mitten in der Nacht noch Radfahrten quer durch die Stadt unternehmen wollte, um mit einem Bier in der Hand und einer gemeinsamen Decke um sie gewickelt am Flussufer Sterne zu gucken. Sie war gerührt, wenn er auf dem Weg zurück an einer Straßenecke anhielt, um aus dem Kaugummiautomaten Plastikringe für dreißig Cent zu ziehen. Es begeisterte sie, wie er sich einen selber an die Hand steckte, dann auf die Knie sank, sich an die Brust griff und »Sag ja!« rief. Wie er, nachdem sie theatralisch »Ich will« gehaucht hatte, so tat, als würde er in Ohnmacht fallen. Davon, wie gut er sie danach küsste und wildfremde Nachtschwärmer anlaberte, dass er frisch verheiratet sei.

Später im Bett, als er noch einmal das Licht anmachte, antwortete sie »Du machst mich auch glücklich, Bastian.«

Hannah brannte.

★

Anna rollt sich vom Bett. Sie wankt ins Bad. Ihre Füße frieren in den dünnen Hotelschlappen. Langsam schminkt sie sich vor dem Spiegel ab. Sie denkt an Katrin.

»Naaa, bist du auch schon so aufgeregt?«, hatte Katrin heute Morgen zur Begrüßung gestrahlt. Katrin und Philipp hatten Anna mit ihrem gemeinsamen Auto abgeholt. Die beiden waren auch zur Hochzeit von Julia und Sven eingeladen, mit Julia hatten Anna und Katrin Abi gemacht.

»Ihr seht so schnieke aus, ihr zwei, so schick!«, hatte Anna die beiden begeistert gelobt. Sie hatte sich nicht getraut zu fragen, ob Katrins Kleid von H&M war.

»Hast du die Haare etwa selber hochgesteckt?«, hatte Katrin sie gefragt. Anna hatte lachen müssen. »Nein, da brauchte ich dann doch professionelle Hilfe«, sagte sie, während sie auf den Rücksitz kletterte. Um halb acht war sie noch schnell zu Mark in den Salon gelaufen. Mark hatte ihr Mut für den Pärchenterrortag zugesprochen. Während das Fixierspray einziehen musste, hatte er »You're beautiful« von James Blunt in seine Bürste gesungen und Anna zum Abschied fest umarmt. »Courage, mein Engel«, hatte er ihr hinterhergerufen und Kussmünder durch die Fensterscheibe gepustet.

»Hast du den Ablaufplan auch so schön brav ausgedruckt wie wir?« Katrin hatte sich vom Beifahrersitz zu Anna umgedreht und mit einem Haufen zusammengetackerter Papiere gewedelt. »Julias und Svens TRAUMTAG« las Anna den verdächtig unironischen Titel, der in goldener Schnörkelschrift auf der ersten Seite stand.

Plötzlich hatte Anna sich zwischen dem Geschenkkorb und dem Blumenstrauß eingequetscht auf der Rückbank wie ein kleines Kind gefühlt. Natürlich hatte sie sich nichts schön brav ausgedruckt.

»*Wir* können den Ablaufplan nämlich schon seit drei Wochen auswendig runterbeten, dank Katrin«, hatte Philipp gelacht und die Augen verdreht. Katrin hatte verschmitzt gekichert. »Blödmann«, hatte sie im Tonfall einer Dreijährigen gepiept und Philipp in die Seite geknufft.

»Selber blöde«, hatte Philipp in der gleichen Babysprache patzig entgegnet und einen gespielt beleidigten Dackelblick aufgesetzt. »Du bist noch viel, viiiiiel am blödesten«, quietschte Katrin zurück und knuffte Philipp noch einmal.

»Hilfe«, war es Anna instinktiv entfahren. Sie hatte es nur geflüstert, keiner der beiden angeblich Erwachsenen da vorne hatte es gehört. Zu versunken war das Pärchen, das Anna in seinem Spiel plötzlich wie ein auf groteske Art und Weise ineinander verschmolzenes Wir vorkam. Katrin und Philipp schienen völlig vergessen zu haben, dass noch jemand anderes mit ihnen im Auto saß. Oder es war ihnen ungeheuerlicherweise egal.

Kopfschüttelnd begann Anna, in ihrer Tasche zwischen den Blumen nach ihrem iPod zu wühlen.

»Anna? Wir sind da«, Philipp tippte ihr vorsichtig aufs Knie. Anna fuhr erschrocken aus ihrem Sitz hoch. Sie hatte das Konsequenteste getan, was man als Kind auf dem Rücksitz tun kann, und war eingeschlafen.

Vor dem Auto wartete schon die versammelte Hochzeitsgesellschaft. Ab da ging das Gelächel und Gestrahle los. Alle waren glücklich. Den ganzen Tag lang. Vom Sektempfang am Anfang bis zur Eröffnung der Tanzfläche am Ende. Happy, happy, joy, joy, hatte es nüchtern in Annas Kopf gesungen, während sie stundenlang mitlächelte und gratulierte und parlierte und hübsch aussah.

Eigentlich wollte sie gar nicht so sein. Sie wollte nicht so spöttisch und sarkastisch über alle um sie herum denken. Sie wollte sich nicht so wichtig nehmen. Denn es war schließlich wirklich ein schöner Anlass. Und die Leute waren wirklich ganz nett. Eigentlich war es ein richtig schönes Fest.

Nach dem Essen hatten Katrin und Philipp dem Brautpaar ihr gemeinsames Geschenk übergeben. »Wir hoffen, es gefällt euch«, hatten sie gespannt gegrinst. Die Braut hatte das rosa Seidenpapier ausgepackt. »Oje, wie süß von euch!«, Julia hatte den pinken Babystrampler hoch gehoben, so dass alle den darauf gedruckten Schriftzug lesen konnten. »Lieferzeit: 9 Monate«, stand auf dem Strampler. Jetzt grinsten sie zu viert. Julia war im dritten Monat schwanger. Sie hatte es kurz vor der Hochzeit vor den engsten Freunden offiziell gemacht. »Es hätte auch noch *Abi 2028* gegeben oder *Made in Germany*«, hatte Katrin erklärt. »Aber bei *Made in Germany* waren wir uns dann auf einmal gar nicht so sicher«, hatte Philipp zwinkernd ihren Satz beendet und danach noch breiter gegrinst.

Anna flüchtete aufs Klo. »Alles noch schlimmer als gedacht«, simste sie an Marie.

Als sie zurückkam, begann gerade der Programmteil 4.1.1, »Spiele«. »Was ist Svens Lieblingsfarbe?«, musste Anna von einer Karte vorlesen, die im Stil von *Wer Wird Millionär?* gestaltet war. »Die Fragen sind doch viel zu einfach«, hatte Svens Vater von der Bar gegrölt und ihr zugeprostet. Er sah ein bisschen so aus wie Bill Murray, fand Anna.

Nach dem Spiel war die Torte angeschnitten worden. Eine riesige, tischgroße Erdbeertorte in Herzform, eng umrandet von vielen kleinen Cupcakes mit rosa Topping, in dem je eine Liebesperle steckte. »Schön, dass ihr alle da seid«, hatte Julia gestrahlt.

★

Als die Geschichte mit Hannah anfing, sich zu etwas Festerem zu entwickeln, hatte Bastian das getan, was er in diesem Beziehungsstadium dann immer tut: Er hatte ihr Fotos von sich und Michi gezeigt. Er hatte über die schwierige Beziehung zwischen ihnen, über seine stressige Mutter und seinen stillen Vater gesprochen. Er hatte Hannah Bille vorgestellt und danach so wie jedes Mal beide beruhigt, dass sie nicht eifersüchtig sein müssten. Er hat Hannah vom *Steppenwolf* erzählt, vom Zen-Buddhismus und von Adorno und Marcuse. In diesem Stadium will er all das teilen, was ihm wichtig, was ihm bedeutsam erscheint.

»Ist ja nicht so, dass ich mich dann *gar* nicht öffne«, schnaubt Bastian, als Herr G. fragt, warum er das alles so emotionslos erzähle. »Mir scheint's nur eben danach immer alles so affig, wie ich dann immer bin. So gewollt«, er lacht spöttisch. »Und wie ich mich dann immer fühle. So pseudo-einzigartig. So konstruiert halt, im Nachhinein. Und am Ende ist dann ja sowieso alles immer gleich.«

Irgendwann wird Bastian alles zu viel. Die Frauen fangen an, ihn zu überfordern. Bastian kriegt das Gefühl, dass sie ihn ändern wollen. Die Stimmung wird ihm zu ernst, zu unlocker, zu eng.

So war es auch bei Hannah. Seine Witze und seine Plastikringe reichten ihr irgendwann nicht mehr. Sie meinte, er höre ihr nie richtig zu. Sie sagte, sie käme mit seinem Schlafrhythmus nicht klar. Mit dem Dreck in seiner Wohnung. Mit seinen Sauftouren mitten in der Woche. Und mit Billes ewigen Anrufen.

Wie alle Frauen vor ihr verwandelte sich Hannah innerhalb weniger Wochen von dem großartigen, sinnlichen Geschöpf, das sie ein halbes Jahr lang für ihn gewesen war, zu einem anstrengenden Stresswesen, das ihn mit ihren Ansprüchen und ihren eigenen Problemen belastete. Plötzlich störte ihn alles an ihr. Bastian konnte es nicht ertragen, wie sie ihre Jacke einfach so auf sein Sofa warf, wenn sie reinkam. Auf *sein* Sofa. Denn auf einmal wollte er es nicht mehr teilen, und er konnte es nicht ausstehen, wenn dort etwas lag, das nicht ihm gehörte. Er konnte es nicht hören, wie sie ihm behutsam vorschlug, dass sie ja vielleicht einmal gemeinsam putzen könnten, als Kompromiss, wie sie betonte. Es machte ihn verrückt, wie sie ihn nachts umarmen wollte, wie sie am Tag durch seine Wohnung lief, als wäre es ihr Zuhause, und dabei über ihre Arbeit sprach, über den neuen Film, über ihre Kollegen, ohne dass er danach gefragt hatte. Hannah trieb ihn in den Wahnsinn. Sie muss weg, dachte Bastian.

»Hannah, Hannah, warte mal«, sagte er und zog sie auf den Küchenstuhl. »Ich glaub, ich brauch mehr Raum für mich.«

Sie gab ihm den Raum. Aber es war zu spät. Bastian war kühl geworden. Verschlossen, abwesend, unnahbar. Hannah war machtlos. Regungslos vor ihr sitzend lief Bastian einfach davon.

Und so blieb Hannah nichts anderes übrig, als selbst zu gehen. Sie erklärte ihm, dass sie in ihrem Leben kein verantwortungsloses Spielkind gebrauchen könne. Dass sie sich einen Mann an ihrer Seite wünsche. Und keinen kleinen Jungen ohne Rückgrat und dafür mit Bindungsängsten und Selbstmitleid bis an die Decke. Bastian ließ es über sich ergehen. Gleich würde die Glut ausglimmen.

Hannah nahm ihren Mantel von seinem Sofa. »Ich gehe jetzt«, sagte sie. In ihrer Stimme lag Mitleid, Wut und Verachtung. Sie zog die Wohnungstür hinter sich zu. Bastian atmete auf. Er war wieder frei.

*

Anna löst ihre Hochsteckfrisur. Während sie sich die Zähne putzt, denkt sie daran, wie Katrin und ihr Freund sich jetzt ein Stockwerk tiefer warm zusammen in ihr Bett kuscheln.

Die beiden wollen sich bald verloben. Das hatte Katrin ihr im Café vor einigen Wochen eröffnet und war dabei rot geworden. Anna fand das rührend. Verloben, das passte zu Leuten, die seit dem Abi zusammen waren. Die mit sechsundzwanzig schon ein gemeinsames Auto hatten. Die seit Jahren zusammenwohnten und schon über Kindernamen diskutieren. Die sich mittlerweile immerhin schon mal darauf geeinigt hatten, dass es ein zweisilbiger Name sein sollte. Es passte zu Paaren, die sich schon drei Wochen vor einer Hochzeit brav den Ablaufplan ausdruckten und ihn am Ende besser auswendig konnten als das Brautpaar. Weil sie beide schon lange an den Ablaufplan für ihren eigenen Traumtag denken.

Es muss halt einfach passen, das ist alles, denkt Anna und schmeißt die gebrauchten Wattepads in den Mülleimer. Sie löscht das Badezimmerlicht und kriecht ins Bett.

Nach dem Ende aller Programmpunkte hatte sich Anna mit Bill Murray an der Bar betrunken. Der Vater des Bräutigams schien sie irgendwie adoptiert zu haben. Zumindest lästerte er vor ihr schamlos über sämtliche Gäste, allen voran über den neuen Lebensgefährten seiner Ex-Frau. Er erzählte Anna von seiner soeben gescheiterten dritten Ehe, trank mit ihr Martini, bis ihr alles so egal war, dass sie sogar zu »Tausendmal berührt« tanzen konnte. Anna hatte getanzt, bis ihr schwindelig geworden war. Bis Katrin und Philipp sie abholen kamen. »Wir müssen jetzt in die Heia«, hatten sie in ihrer Sprache gesagt. »Kommst du mit?« Der Vater des Bräutigams hatte Anna zum Abschied umarmt. »Sprechen die etwa immer so?«, hatte er ihr noch beunruhigt ins Ohr gebrummt.

Anna zieht sich die gestärkte Hotelbettdecke über den Kopf. Philipp hatte Katrin eben so sanft angesehen. Unglaublich liebevoll hatte er sie in den Fahrstuhl getragen, Katrin war auf seinem Arm fast eingeschlafen, und dann doch wach geblieben, nur um Anna noch durch die sich schließende Fahrstuhltür zuwinken zu können. Schwerfällig, wie in Zeitlupe, hatte sich die Fahrstuhltür vor der bis zum letzten Millimeter winkenden Katrin geschlossen. Es hatte ausgesehen wie die Schlussszene eines Films.

So langsam schließt sich die Fahrstuhltür, denkt Anna, während sie einschläft.

★

Irgendwie sind wir also an diesem Punkt angelangt, an dem wir jetzt sind. Irgendwann zwischen dem Erasmussemester und jetzt scheinen wir von einer unsichtbaren Zone in die nächste übergetreten zu sein. Um dort anzukommen, wo sich die Fahrstuhltüren so langsam schließen. Um dahin vorzurücken, wo die biologischen Uhren langsam lauter ticken und die Menschen um uns herum sich in immer kürzeren Abständen gegenseitig wegheiraten.

Wir haben nun den Punkt erreicht, an dem unser Zuhause und unsere Bioäpfelchenkinder in nahezu greifbarer Nähe sein könnten. Eigentlich ist das ja etwas Schönes. Nur leider ist es mit uns alles nicht so einfach. Wir sind unfassbar kompliziert. Wir haben unglaubliche Angst.

Und zwar vor wirklich allem: Davor, dass wir einfach nie jemanden finden werden, mit dem wir uns eine Zukunft vorstellen könnten. Dass wir ihn, der irgendwo da draußen herumläuft, einfach nie treffen werden. Davor, dass wir ihn verpassen könnten, weil wir bei jemand Falschem bleiben. Generell davor, dass wir uns falsch entscheiden könnten, unsere Gefühle falsch investieren, so lange, bis wir uns selber verloren haben. Oder wir haben Angst davor, dass wir den Richtigen in den Wind schießen, nur weil wir fälschlicherweise dachten, dass es der Falsche sei. Und wir das dann später bitter bereuen könnten. Oder davor, dass es den Richtigen gar nicht geben könnte. Und wir, während wir vergeblich darauf warten, dass er uns endlich über den Weg läuft, nicht mitkriegen, dass alle anderen schon längst viel weiter sind als wir. Und nur wir aus der Besessenheit heraus, uns alle Optionen offenzuhalten, am Ende plötzlich ganz alleine dastehen. Wir fürchten uns davor, dass wir es wegen dieser Angst wiederum aber auch übertreiben und uns viel zu früh binden könnten. Bevor wir uns selber richtig gefunden oder ausgelebt haben. Und es deshalb wegen uns irgendwann nicht mehr klappen könnte.

Überhaupt machen wir uns riesige Sorgen darum, dass wir

aus dem Druck heraus, alles richtig machen zu wollen, alles falsch machen werden. Weil wir unsere Beziehung mit Ansprüchen überladen, unter denen sie nur zerbrechen *kann*.

Unter dem Anspruch zum Beispiel, uns ernsthaft binden, aber dabei bloß kein langweiliges Paar werden zu wollen. Unter dem Anspruch, uns fest auf jemanden einzulassen, ohne dass dadurch unser Ich auch nur irgendwie eingeschränkt wird. Unter dem Anspruch, uns weiterhin entfalten und selbst verwirklichen zu wollen und niemanden dulden zu können, der uns dabei im Weg steht. Unter der Erwartung an uns selber, dem anderen bloß immer genug Raum zu geben, ihn auf keinen Fall ändern zu wollen, ihn um Himmels willen nicht zu umklammern und auf Teufel komm raus nicht allzu abhängig von ihm zu werden.

Wir haben Angst davor, dass uns unsere Beziehung irgendwann einmal nicht mehr genügen könnte. Oder dass wir ihr nicht mehr genügen könnten. Weil die Welt da draußen einfach zu viele bessere, spannendere, neuere, einfachere Angebote macht. Gegen die wir machtlos sind. Oder denen wir nicht widerstehen können. Weil unser Zuhause uns irgendwann vielleicht doch wie eine Beschränkung, wie ein goldener Käfig vorkommen könnte. Und dann nichts Leichtes mehr übrigbliebe, sondern nur noch die Routine.

Wir wollen uns gegenseitig nicht ersticken. Wir wollen dem anderen immer sein bester Freund sein. Sein engster Vertrauter. Aber auch sein heißester Liebhaber. Wir wollen bei ihm klein und groß sein können, stark und schwach, er soll uns von innen kennen und unser Äußeres bewundern. Er soll uns nah sein und uns fremd bleiben. Wir wollen uns bei ihm ausruhen können, aber er sollte uns auch immer wieder neu reizen.

Wir haben Angst davor, all das auf Dauer nicht bieten zu können. Oder es nicht zu bekommen. Wir haben Angst davor, dass wir einfach zu viel wollen.

★

»Vielleicht hätte ich ja doch bei Felix bleiben sollen«, murmelt Anna. Doch irgendwie konnte sie das nicht.

»Warum eigentlich nicht?«, fragt Herr G.

Anna schweigt. Sie seufzt. »Ich weiß nicht. Ich wollte irgendwie ... ich brauchte irgendwie ... *mehr*«, sagt sie. »Es hat nicht ... gereicht, oder so.« Anna zuckt mit den Schultern. Sie kriegt keinen vernünftigen Satz zustande, wenn es um Felix geht.

Sie hat das selbst auch nie ganz begriffen. Irgendwie wollte sie irgendwann einfach etwas anderes als das sich vor ihr abzeichnende Leben mit ihm. Obwohl es eigentlich so schön war, was sich da entwickelt hatte. Felix machte alles richtig. Und ihre kleine Welt mit ihm war eigentlich der perfekte Ausgleich für ihre Stresswelt draußen in der Agentur. Es schien so, als könnte es einfach immer so weitergehen.

Und das wäre es sicher auch. Doch Anna wollte es nicht so. Sie wollte weiter hinaus. Felix war nicht genug. Sie zusammen als Paar waren ihr nicht genug. Anna brauchte ein halbes Jahr, um das zu entscheiden. Am Ende entschied es sich von selbst. Es fühlte sich so an, als sei ihre Liebe einfach ausgelaufen. Als wäre sie aus einem undichten Behälter getropft, durch ein unbemerktes Leck geflossen, langsam, aber stetig. Unaufhaltsam. Bis sie einfach weg war.

Das Leck muss irgendwann nach Felix' Rückkehr aus dem VW-Urlaub entstanden sein. Anna hatte die für den Sommer geplante Tour mit ihm und seinen Jungs wegen ihres ersten Jobs absagen müssen. Sie hatte jetzt einfach keine Zeit für studentische Sommerferien mehr.

»Ganz viel Spaß euch!«, hatte sie spätabends vom Schreibtisch ans Lagerfeuer vor dem VW-Bus am Atlantik geschrieben. Es war die Zeit, in der sie fünfzehn Stunden arbeitete. Der Einzige, der das nicht krank fand, war der Chef der Partner-Agentur. Er verstand ihren Ehrgeiz. Ihre Aufopferung für das nächste Projekt. Ihre Begeisterung.

Bevor er Anna nach dem immer regelmäßigeren gemeinsamen Weintrinken ins Taxi nach Hause setzte, strich er ihr zum Abschied über die Wange. Voller Bewunderung sagte er ihr, dass Menschen wie sie in der Branche wirklich sehr selten seien.

Und wenn sie ihm noch aus dem Taxi ihre Ideen für die neue Kampagne schickte, antwortete er schon in derselben Minute. »Meine Güte«, schrieb er, »jetzt sehe ich, was ich ahnte: Nicht nur dein Äußeres, Anna, ist wunder-, wunderschön.«

Zu Hause lächelte Anna in ihren Sternenhimmel. Sie fühlte sich erkannt.

Als Felix nach drei Wochen Urlaub braungebrannt wiederkam, Anna extrakrosses Landbaguette und eine Baskenmütze mitbrachte und sie stürmisch küsste, schien er ihr fremd. Die Mütze fand sie albern. »Steht mir ganz gut, oder?«, sagte sie höflich. Felix nickte begeistert und berichtete ausgiebig vom Surfen. Anna erzählte nur das Nötigste von ihrem Projekt. »Komm, entspann dich«, überredete er sie, als sie nach dem ersten Glas Rotwein sagte, sie wäre müde und müsse morgen wieder an der Präsentation arbeiten.

Am nächsten Tag im Büro hatte Anna Kopfschmerzen. Aber es fühlte sich immerhin wieder alles ein bisschen richtiger an. Felix verhindert eben, dass ich eine Maschine werde, die nur noch an die nächste Herausforderung denkt, sagte sie sich.

Als sie sich auf dem Betriebsfest vom Agenturchef küssen ließ, berührte sie das deshalb nicht wirklich. Es schmeichelte ihr, es war aufregend. Aber ihr Zuhause war Felix. Und ein Zuhause war nichts, das man einfach so wieder wegschmeißt, wenn man es einmal gefunden hat. Doch die Energie, die sie bereit war, für ihre Beziehung aufzubringen, sank nach dem Sommer trotzdem rasant. Bei ihr hatte sich das Gefühl eingeschlichen, dass alles farbloser war als vorher. Durchschnittlich. Irgendwie zu normal. Und damit für Anna zu nichtig, zu alltäglich. Zu stetig, zu dahinplätschernd. Zu nett.

Wenn sie ehrlich war, war es ihr mittlerweile sogar zu anstrengend, spät nach der Arbeit noch in Felix' WG zu fahren. Und auch die Geschichten, die er ihr erzählte, interessierten sie, wenn sie ehrlich war, nicht mehr wirklich. Weder die Storys über die Punkrockband, in der Felix' Mitbewohner spielte, noch die Probleme mit dem Putzplan. Anna dachte, es wäre der Stress, der sie so desinteressiert werden ließ. Und fuhr deshalb trotzdem jedes Mal wieder hin.

Vielleicht sollte ich einfach mit Felix zusammenziehen, dachte sie kurz, als sie wieder einmal unten vor seiner Haustür stand und auf das Summen des Türöffners wartete, nachdem die Mitbewohner »Komm hoch, Baby« durch die Sprechanlage gerufen hatten. Anna hatte auf das Klingelschild geschaut. Dort standen, schräg durcheinander, übereinandergekritzelt, sechs Namen. Wenn sie zusammenzögen, dachte Anna, dann würden an der Tür nur noch zwei Namen stehen. Und später, ganz vielleicht, nur noch einer. Vielleicht würde es sich, wenn sie sich auf diese Weise mit Felix weiterwagte, dann auch wieder mehr als nett, mehr als normal anfühlen.

Hätte Felix sie gefragt, ob sie diese nächsten Schritte schon jetzt langsam einmal riskieren sollten, vermutlich hätte sie ja gesagt. Doch er fragte nicht. Und von selbst hätte sie es nie im Leben angesprochen. Dafür hatte Anna zu viel Angst. Dafür war sie sich nicht sicher genug. Und überhaupt: Wenn, dann müsste das der Mann vorschlagen, fand sie.

»Komm rein, Schnecke«, hatte Felix' Mitbewohner oben an der Wohnungstür gesagt, sein Atem roch nach Bier. »Wir haben grad noch WG-Treffen, aber du kannst dich dazusetzen.«

Nahezu unmerklich war das Leck ein Stück größer geworden.

»Wenn du daran denkst, dass er mit jemand anderem zusammen sein könnte, tut dir das dann weh?«, fragte Marie Anna am Telefon, nachdem Anna ihr am Sonntagnachmittag wieder einmal all die Zweifel an ihrer Beziehung zu Felix darlegte, die sie selber so wenig benennen konnte. »Mir hilft bei solchen Entscheidungen eigentlich immer nur das Ausschlussprinzip«, sagte Marie bestimmt.

Anna überlegte. Felix mit einer anderen? Vielleicht würde jemand anderes besser für ihn sein, ja. Jemand, der sich einfach mehr für ihn interessierte. Für seine pädagogischen Theorien, für die Ansichten seiner kiffenden Freunde, für die Bandproben der Punkrocker. Vielleicht würde eine Frau, die Felix' Mitbewohner in ihren dunkelbraunen Cordhosen und ihren schwarzen Kapuzenpullis nicht gammelig fand, eine, die sich nicht durch sechs Namen auf dem Klingelschild und fünf Paar ausgetretene schwarze Adidas Sambas vor der Zimmertür gestört fühlte, die nicht so viel zweifelte, die nicht ständig so gestresst und ungeduldig und gereizt war, besser zu ihm passen. Eine Frau, die nebenbei auch nicht nach der Bewunderung verheirateter Agenturchefs süchtig war und ihr Glück nur in ihrer Arbeit suchte. Jemand, der einfach besser in Felix' VW-Bus passte.

»Bist du noch dran?«, fragte Marie am anderen Ende.

»Ich fühle gerade gar nichts«, seufzte Anna.

Felix hatte Anna mit großen Augen angeblickt. Er legte eine Hand an ihre Brust. »Was auch immer es ist, so schlimm kann es gar nicht sein. Denn ich spür dein Herz noch«, hatte er gelächelt. Anna sagte nichts. Anna fühlte nichts. Sie wusste nur, dass der Behälter jetzt ausgelaufen war. Sie wollte nur noch allein sein. »Ich glaub, ich brauch mehr Raum für mich«, sagte sie ernst.

Felix gab ihr den Raum. Er wollte sie zu nichts zwingen. Aber es war zu spät. Anna war abwesend. Unerreichbar. Und Felix machtlos.

Anna schien ihm wegzuschwimmen wie ein Stück Treibholz. Einfach so. Und ihm schien nichts anderes übrigzubleiben, als sie abdriften zu lassen. Denn sie wurde getrieben. Keiner konnte etwas dafür. Schuld war, vielleicht, die Strömung. Felix brachte Anna zur Tür. Erst nachdem sie schon lange weg war, zog er sie leise ins Schloss. Jetzt ist Anna wieder frei, dachte er.

*

Das vielleicht größte Problem bei unserem Angstmacher Nummer zwei, der Liebe, ist, dass wir uns langsam, aber sicher selber nicht mehr so ganz trauen.

Über die Jahre sind wir furchtbar verkopft geworden. Unser Kopf denkt manchmal so laut, dass wir gar nicht mehr hören können, was unser Bauch und unser Herz eigentlich sagen.

Umso schlimmer ist es, dass wir das, was Wir Sind Helden uns einst als Trost vorsangen, mit der Zeit vielleicht sogar etwas zu gut verstanden haben. Wir haben gesehen, wie sogar die größten Wunder an uns vorbeiziehen können. Wenn wir sie lassen. Denn wir haben begriffen, dass es eigentlich nur wir alleine sind, die bestimmen, ob wir es mit einem einmaligen Wunder oder mit etwas Vergänglichem zu tun haben, für das es sich eigentlich nicht lohnt, zu kämpfen.

Immer, wenn wir meinten, es lohne sich nicht, mussten wir die Stelle einfach nur gut abbinden. Wir mussten nur bis drei zählen und darauf warten, dass wir gar nichts mehr spüren. Und schon waren irgendwann nur noch Narben da. Narben da, wo einmal Wunder waren.

Ob wir wollen oder nicht: Damit ist unser Soundtrack mittlerweile sogar bei Tocotronic angekommen. Denn unser Teufel steckt im Zweifel. Wenn es etwas ist, das wir mittlerweile sicher wissen, dann, dass nichts sicher ist. Dass uns in Liebesdingen auf Dauer nichts, aber auch gar nichts gegen die kleinen Zweifelmonster, die auch all unsere anderen Lebensbereiche begleiten, schützen kann. Egal, wie glücklich, wie sicher, wie verliebt und wild entschlossen wir jetzt sind, und egal, wie sehr heute alle sagen, wir zwei passen perfekt zueinander – irgendwann kommen sie wieder. Wie sehr und in welche Richtung auch immer wir uns unsere Köpfe verdrehen lassen, und egal, wie rosa die Wölkchen sind, die uns anfangs dort den Blick vernebeln: Die Exit-Option bleibt immer in unserem Sichtfeld. Wir können sie jederzeit wählen, wenn uns die Zweifel zurück auf den Boden der Tatsachen gebracht haben und es uns dort zu kompliziert wird.

Wir wissen, dass wir zur Not alles wieder kündigen und canceln können. Dass nicht nur unsere Gefühle, Schwüre und Versprechen jederzeit wieder rückgängig gemacht werden können. Sondern auch all ihre Ausdrücke: geplante Urlaube, gemeinsame Wohnungen, gemeinsame Namen, gemeinsame Träume, ungewollt entstandene Schwangerschaften. Und auch die Ringe, die wir einander an die Hände stecken, so wissen wir, können selbstverständlich wieder abgenommen werden.

Um alles noch einmal auf Anfang zu setzen, um wieder frei zu sein, müssten wir gar nicht viel mehr tun, als ein paar Worte auszusprechen. Worte, die das Ende vorbereiten. In denen es um nicht mehr fliegende Schmetterlinge geht, um die von rosarot auf grau zurückgestellte Welt, ums Grübeln, ums Hinterfragen, um gedrehte Gefühle, fehlende Anziehungskraft, ums Auseinanderleben, Sich-fremd-fühlen, ums Nicht-mehr-stimmen, um das Interesse an Dritten oder am unüberkommenen Ex, um das Fehlen des eigenen Raums. Darum, dass es nicht am anderen, sondern nur an uns selbst liegt. Dass wir uns erst mal selbst klarkriegen müssen, bevor wir eine ernsthafte Beziehung eingehen können. Dass es uns leidtäte, dass wir das nicht schon viel früher gecheckt hätten. Aber dass wir uns nun, da wir es wüssten, eben erst einmal selbst finden müssen. Und dass wir dafür natürlich leider ab jetzt und auf unbestimmt alleine sein müssen.

Wir wissen: Keiner würde uns diese Worte übelnehmen. Alle würden unsere Entscheidung akzeptieren. Denn dass es auf Wunder eine Garantie gäbe, hat schließlich nie jemand behauptet.

★

Bille brettert über die Landstraße. Bastian und sie sind auf dem Weg zurück in die Stadt.

»Ich fand es ja eigentlich ganz süß, was der Pastor meinte gestern«, sagt Bille. Ihr waren beim Ja-Wort in der Kirche ganz plötzlich vor Rührung die Tränen in die Augen geschossen. Niemand hatte es bemerkt. Bastian hatte während der Trauung draußen gewartet und geraucht. Und alle anderen hatten wie gebannt auf das Brautpaar geschaut.

Bastian schnaubt verächtlich. »Mann, Bille, der Typ hat noch nie mit einer Frau geschlafen! Was soll der schon von Beziehungen, geschweige denn von der Ehe verstehen?« Bastian schnürt seine Wanderschuhe umständlich auf dem Beifahrersitz wieder auf.

»Aber seine Tipps waren doch gar nicht sooo blöd …«

Der Pastor hatte dem Brautpaar nach der Zeremonie ein Hasenkuscheltier geschenkt. Mit großen Ohren, damit sie niemals vergessen würden, einander gut zuzuhören. Und einen Besen. Um die Scherben nach jedem Streit wieder gut wegzukehren, damit sie die Beziehung nicht auf Dauer belasteten.

»Doch, Bille«, sagt Bastian, »das waren sie. Sie waren sogar krass dämlich.«

Draußen rauscht die Landschaft vorbei. Bastian streckt sich. Er gähnt laut. »Haben wir hier eigentlich noch irgendwo 'ne Flasche Mate?«, fragt er. Bille antwortet nicht. »Cause I got too much love«, singt das Radio, «running through my veins, going to waste.« Bille schaltet es aus.

Sie spricht den ganzen Weg zurück in die Stadt kein Wort mehr.

*

»Ob ich mich einsam fühle? Hm.«

Anna überlegt. Sie denkt an nachher. Es ist Freitag. Nach der Sitzung bei Herrn G. muss sie wieder die Grundsatzentscheidung für den Abend treffen. Platt oder partywütig. Aufraffen ja oder nein. Beine rasieren ja oder nein. Jogginghose oder Kleid. Kaputt von der Woche ins Bett oder wach und gut gelaunt auf die Straße. Die Rund-SMS »Geht ihr nachher noch los?« oder »Ich mach heute 'n Ruhigen«.

Wenn Anna Lust hat, geht sie gerne tanzen. Sie ist dann ganz vorne dabei, sie sprüht vor Energie. Aber erzwungen geht es meistens nach hinten los.

Und heute wäre es erzwungen. »Mädelsabend«, hatte Marie angekündigt. Anna kann solche verkrampften Abende auf den Tod nicht ab. Und findet sich am Ende dann doch jedes Mal in irgendeiner verrauchten, trendigen Bar, in irgendeinem stickigen, flashigen Club wieder. Wo sie dann inmitten anderer pseudolässiger Leute steht, die sich am Rande der Tanzfläche an ihren Beck's-Flaschen festklammern. So lange, bis sie irgendwann endlich betrunken genug sind, um ein bisschen mit dem Kopf zu wippen. Anna kann die Art nicht ab, wie alle sich dort gegenseitig beäugen. Sie kann sich selbst nicht ab, wie sie dann trotzdem so lange da bleibt, bis es irgendwann spät genug ist, um wieder nach Hause zu huschen. Dann, wenn sie eingesehen hat, dass sie heute wie all die anderen, die inmitten der coolen Partymacher eigentlich danach gesucht haben, auch dieses Mal doch wieder nicht ihren Seelenverwandten gefunden hat.

Nichts findet Anna schlimmer als das leere, urban-selbstentfremdete, schneidende Einsamkeitsgefühl, das sie auf dem Heimweg jedes Mal überkommt, wenn sie um halb vier zwischen den Besoffenen im kalten S-Bahn-Schacht steht und vor Müdigkeit frierend auf die Minutenanzeige starrt.

»Sie müssen meine Frage natürlich auch nicht beantworten«, sagt Herr G.

»Doch«, nickt Anna. »Doch. Ja. Ich glaube, ich fühle mich sogar ziemlich oft einsam«, sagt sie, »obwohl ich eigentlich nie allein bin.«

Herr G. nickt.

»Bis nächste Woche«, sagt Anna leise und lächelt.

Zu Hause entscheidet sie sich gegen die Partywut. Wie jeden Abend checkt sie noch einmal Felix' Facebook-Profil. Mittlerweile ist es mit dem Stalken wenigstens schon ein bisschen besser geworden. Marie sagt, sie sei stolz auf Annas Fortschritte. Am Anfang musste Anna noch jeden einzelnen Kommentar, jede neue Freundschaft, jedes »I like«, das Felix postete, akribisch nachverfolgen und sich selbstquälerische Gedanken darüber machen, ob und wenn ja, was er ihr damit sagen wollte. Obwohl Felix eigentlich gar nicht so jemand ist, der Facebook instrumentalisieren würde. Das »In einer Beziehung« hatte er an dem Tag gelöscht, an dem sie gegangen war. Seitdem ist das Beziehungskästchen leer.

Anna geht heute früh ins Bett. Sie ist total erschöpft. »Jemand wartet auf dich«, steht groß in der Werbeanzeige auf der Zeitung, die neben den Ohropax auf ihrem Nachttischchen liegt. Anna dreht sie um. Ihr iPhone piept. »Du gehst mir nicht aus dem Kopf«, schreibt der Agenturchef aus dem Urlaub mit seiner Frau und seiner zweijährigen Tochter. Anna schreibt nicht zurück.

Sie überlegt, ob sie ihren Sternenhimmel abnehmen sollte. Wie jedes Mal entscheidet sie sich dagegen. Das Funkeln beruhigt sie so. Und das Little-Miss-Sunshine-Shirt hat sie ja schließlich auch behalten.

Das iPhone piept wieder. Fango-Arne fragt, ob Anna heute Abend noch loszieht. Sie schaltet das Telefon aus und setzt sich die großen Kopfhörer auf. Über »Bibi und die Autobahn« schläft sie ein.

★

So langsam reicht es uns mit unserer eigenen Kompliziertheit. Wir finden uns selber ganz schön anstrengend. Unsere ganze Gehemmtheit, unser einsames, verzweifeltes Warten, unsere Furcht vor Bindung. Unsere ewige Vorläufigkeit, unser ständiges Canceln und Kündigen, wenn wir uns nicht sicher sind. Unsere schnelle Bereitschaft, einfach abzuspringen, nur weil uns das Risiko des Bleibens zu hoch erscheint. Unsere utopisch-romantischen Träume, wegen denen wir uns in irgendwas verrennen, oder unsere ewige Unzufriedenheit, unser endloses, besessenes und pubertäres Hinterfragen, mit dem wir jedes zarte Glück malträtieren, sobald wir es gefunden haben.

All das hängt uns zum Halse raus. Und deshalb wollen wir es jetzt endlich einmal anders machen. Wir wollen am Ball bleiben. Wir wollen uns wagen.

Mehr als vornehmen können wir uns das natürlich nicht. Und ob wir es wirklich hinkriegen, steht in den Sternen. Aber wir wollen es versuchen. Und zwar trotz aller Zweifel. Trotz all der Ansprüche. Trotz all der Ängste. Und gegen alle Wahrscheinlichkeiten.

Einfach nur deshalb, weil wir noch glauben.

Freundschaft:
Die Angst vor dem durchlässigen Netz

Wenn man einen Freund hat,
dann braucht man sich vor nichts zu fürchten
Janosch

Wir kennen die besten Menschen der Welt. Sie sind unsere Freunde. Nichts ehrt uns mehr, kaum etwas macht uns glücklicher und auf wenig sind wir stolzer als darauf, dass wir es sind, mit denen diese coolsten, witzigsten, verrücktesten, liebenswertesten, wärmsten und stärksten Leute, die es auf der Erde gibt, ihr Leben teilen.

Unsere besten Freunde sind unser Heimatplanet. Mit ihnen sind wir unzertrennlich verbunden. Sie sind ein Teil von uns, erst durch sie werden wir ganz. Und nur, weil sie da sind, kommen wir überhaupt klar.

Wem wir das unglaubliche Geschenk zu verdanken haben, dass wir solch wunderbare Menschen in diesem ansonsten so unübersichtlichen, verwirrenden und gestörten Leben überhaupt auftun konnten, wissen wir nicht. Es wird uns für immer ein Rätsel bleiben. Vielleicht wollte irgendwer es so. Vielleicht war es der pure Zufall. Aber eines ist auf jeden Fall klar: Sie zu treffen war das Beste, was uns je passieren konnte.

★

»Ich glaub ja mittlerweile echt, dass du eher so 'n Maker brauchst«, sagt Anna mit entschiedener Stimme zu Marie am Telefon. Anna trägt drei Taschen über zwei Schultern, das iPhone presst sie mit dem Zeige- und dem Mittelfinger an ihr Ohr, in der anderen

Hand hält sie ihren Wohnungsschlüssel. Marie hat Anna pünktlich in der Sekunde angerufen, als sie vor einer halben Stunde die Tür zu ihrem Büro abgeschlossen hat. An der Strippe hat Marie Anna seitdem schon mit in die Apotheke, in den Bioladen und den Supermarkt begleitet, jetzt steigt sie mit ihr die Treppen zu ihrer Wohnung hinauf. Anna schnauft. »Kannst du noch mal vorlesen, wie die Abschiedsformel unter seiner letzten Nachricht war?«, fragt sie Marie. »Was hat er da noch geschrieben? ›Ich denke an dich‹ und wie dann weiter ...?«

»Moment.« Marie sucht in ihrem SMS-Eingang. Im Hintergrund plätschert es. Marie liegt gerade im Eukalyptus Erkältungsbad, das Anna ihr vorhin, als sie sich plötzlich krank gefühlt hatte, zur sofortigen Anwendung und ohne Recht auf Widerrede verordnet hat.

»Scheiße«, murmelt Anna. Vor der Wohnungstür sind ihre Taschen umgekippt. Während sie gebückt Stufe für Stufe zurückkriecht, um sämtliche Äpfel, Orangen und Ingwerstücke wieder in ihre Tüten zu sammeln, lauscht sie der Verlesung von Maries SMS-Dialog.

Marie und ihr neuer Kollege aus dem Layout, mit dem potentiell was gehen könnte, eiern nun schon seit zwei Wochen um den heißen Brei herum. Dabei braucht Marie viel eher jemanden, der gleich rangeht. Sonst hat es eigentlich von Anfang an keinen Sinn. Am liebsten würde Anna den Typen anrufen und ihm das sagen. Sie könnte ihm genaueste Anweisungen geben, wie man Marie um den Finger zu wickeln hat. Anna könnte Marie sofort den perfekten Mann backen. Aber so läuft es ja leider nicht.

»Naja, der kann das halt nicht«, sagt Anna abgeklärt, als Marie mit dem Vorlesen fertig ist. »Der ist halt mehr so 'n visuell denkender Typ. Der kann eben nicht schreiben. Und das wird der auch nie können. Da muss man sich gar keine Hoffnungen machen.«

»Hmm«, sagt Marie.

»Marie-Süße«, sagt Anna liebevoll, »du denkst da schon jetzt wieder viel zu viel dran rum. Dabei habt ihr euch doch noch nicht mal geküsst ...«

»Hmm«, sagt Marie. Im Hintergrund blubbert das Badewasser.

»... und ganz ehrlich: Ich weiß wirklich nicht, ob es so gut wäre, dich da jetzt komplett reinzuschmeißen und weiter zu investieren, wenn du dir gar nicht sicher bist, was du eigentlich willst ... und er es offensichtlich ja nicht schafft, dir mehr Sicherheit zu vermitteln. Verstehst du, wie ich das meine?« Anna kickt ihre Wohnungstür zu, sie schmeißt ihren Schlüsselbund auf den Schuhschrank und lässt die Tüten fallen. Wieder kullern die Äpfel in alle Richtungen auf den Boden. Anna lässt sie liegen.

»Hmm«, sagt Marie nach einigen Sekunden Stille. »Aber irgendwas antworten muss ich ihm ja trotzdem noch, oder?« In ihrer Stimme liegt halb gespielte, halb reale Hilflosigkeit.

Anna und Marie konferieren heute nun schon zum fünften Mal. Normalerweise hören sie sich eher zwei- bis dreimal pro Tag, aber heute herrscht bei Marie schließlich akuter Beratungsnotstand.

Anna und Marie arbeiten laufend zusammen auf, was in ihrer beider Leben geschieht: bei ihren Männern, in ihren Jobs, ihrem Gefühl, ihrem Befinden und in ihren Therapiestunden. Mal in längeren, mal in telegrammartig kürzeren Sitzungen besprechen die beiden all das, was in der Zwischenzeit passiert ist, gehen gemeinsam das durch, was bald passieren wird und wägen im Voraus all das ab, was noch passieren könnte.

Ohne dass es jemand von außen so sehr bemerkt hätte, haben sich Anna und Marie während der letzten Jahre auf diese Weise jeden Tag aufs Engste begleitet. Sie haben alles von sich geteilt: jede Entscheidung, jede Sinnkrise, jedes Fest, jeden Umzug, jeden Geburtstag, jede Trennung, jedes Date, jeden Sex, jede

Blasenentzündung, jede vergessene Pille, jeden Alptraum, jede Kritik, jeden Streit, alle gelesenen Bücher, alle gesehenen Filme, alle gehörten Bibi-Folgen.

Außerdem müssen Anna und Marie jeden Schritt, den sie tun, von der anderen abgesegnet wissen. Jeden wichtigen Brief, jede wichtige Mail, jede wichtige Nachricht, die Marie seit dem Abi verschickt hat, hat Anna mitgelesen. Alles an relevanter Kommunikation hat sie für Marie vorab redigiert, oder im Nachhinein kommentiert, wenn ihr die Nachricht, sobald sie rausgegangen war, weitergeleitet wurde. Denn Anna ist Maries ewiges, automatisches CC. Sie ist ihr direktes, sofortiges Feedback. Ihr Coach. Ihre Vertraute. Ihre Absicherung. Bei allem, was sie tut.

»Halt mich auf dem Laufenden«, sagt Anna in knapper Professionalität, nachdem sie Marie die Antwort-SMS für den unfähigen Graphiker zu Ende diktiert hat. Sie fischt eine Milchschnitte aus ihrer Einkaufstasche. »Du hast jetzt wirklich alles getan, Marie. Und wenn er dann immer noch zu doof ist, darauf richtig zu antworten, dann hat er halt verkackt. Du musst jetzt einfach nur abwarten. Und dann sehen wir weiter.«

»Ja, du hast recht. Wir warten jetzt erst mal ab«, sagt Marie. Im Hintergrund zischt es. Wie um das Thema zu beenden, hat Marie den Inhalt des riesigen Beutels mit Totem-Meer-Salz in die Wanne gekippt.

Routiniert geht Anna zum nächsten Tagespunkt über. »Was machen die anderen Fronten? How is work?«, fragt sie gedehnt, sie sagt »Wööö-aak«.

»Was isst du?«, fragt Marie Anna beiläufig und setzt, ohne die Antwort abzuwarten, zu einem langen Monolog über ihre neue Kollegin an.

*

Wie immer wartet Herr G. am Anfang einer Sitzung einen Moment lang ab, bevor er zu sprechen beginnt. Langsam reibt er sich die Hände. Seit es draußen kälter geworden ist, trägt er jetzt jedes Mal dieselbe braune Cordhose, wie Bastian heute zum ersten Mal auffällt.

»Wie war Ihre Woche?«, fragt Herr G. ihn.

»Joa«, antwortet Bastian mit gelangweilter Stimme. Er seufzt. Er hat heute irgendwie überhaupt keine Lust zu reden. »So wie immer«, murmelt er. »Nix Neues. Gar nix Neues eigentlich ... Ich hab 'ne grobe Struktur für die Hausarbeit erarbeitet. Sonst alles wie immer.«

Herr G. nickt.

Bastian schweigt. Er beginnt, mit den ausgefransten Verschlüssen der zwei Festivalbändchen an seinem Handgelenk zu spielen. »Bille hat gesagt, ich soll jetzt endlich mal in die Puschen kommen, sonst geht sie nicht mehr mit mir feiern«, murmelt er nach einer langen Pause. Er zuckt mit den Schultern, »Fand sie scheinbar lustig, mich so aus Spaß zu erpressen. Ich fand's ehrlich gesagt 'n bisschen überflüssig von ihr.« Bastian schüttelt unmerklich den Kopf. »Ich misch mich ja schließlich auch nicht in ihr Leben ein.«

Er blickt auf. Herr G. notiert sich etwas. Vergeblich versucht Bastian an den Bewegungen des Stiftes zu erkennen, was er schreibt. Er fühlt sich wie eine Laborratte. Seit der ersten Sitzung war er eigentlich ganz gerne zu Herrn G. gekommen. Heute würde er am liebsten sofort wieder gehen. Und nie wieder kommen.

»Vielleicht brauchten Bille und ich einfach nur mal wieder 'n Tag Pause voneinander«, murmelt er unwillig. »Das ist dann immer so 'n Zeichen dafür, wenn die anfängt, so rumzuzicken.«

Herr G. lehnt sich interessiert vor.

»Sie hören sich sonst also jeden Tag?«, bohrt er.

Bastian merkt, wie er langsam so richtig genervt wird. Er nickt.

»Passt doch bestimmt mal wieder schön in mein Krankheitsbild, oder?«, antwortet er auf Herrn G.s Frage und hält trotzig den Blickkontakt mit ihm.

Bastian kennt Bille jetzt schon fünf Jahre. Sie hatten sich in der Orientierungswoche an der Uni kennengelernt, am ersten Morgen in der Vorstellungsrunde hatte Bastian sich neben sie gesetzt, was sie zu Partnern in einem dieser dämlichen Pädagogen-Kennlernspielchen machte, bei denen man sich gegenseitig vor der Gruppe vorstellen muss.

Bille sei eine Woche zuvor ihrer Heimatstadt, einem kleinen Nest, entflohen, hatte Bastian ihre Unterhaltung resümiert, als ihm als Zeichen, dass er jetzt dran war, das kleine Stoffsäckchen zugeworfen worden war. Bille wolle an ihre Ausbildung noch ein Studium in der Großstadt hängen, damit ihr Leben nicht für immer innerhalb der langweiligen Bahnen der Vorhersehbarkeit verliefe, hatte Bastian seine Präsentation abgeschlossen und ihr augenrollend den Ball zugeworfen. Sebastian habe gerade zum zweiten Mal sein Studienfach gewechselt, einfach, weil er keinen Bock mehr auf das alte hatte, fasste Bille ihn in einem Satz zusammen. »Genau so ist es«, hatte Bastian gesagt und sich, während die anderen weiterspielten, von Bille Papier zum Herumkritzeln und in der Pause Kippen und Geld für Kaffee von ihr geliehen.

Erst später, abends, hatten sie dann das erste Mal richtig miteinander gesprochen. Es brauchte aber sowieso kaum Worte. »Yes!«, hatte Bille gegrölt, als sie mit Bastian beim Kickern im verqualmten Seminarraum, in dem die Ersti-Party stieg, gewonnen hatte. »Komm her, Kommilitone«, hatte sie gelacht und mit ihm eingeschlagen. »Jetzt machen wir die so richtig platt.«

Spätestens als sie auch die nächsten drei Runden gewonnen und jeden neuen Sieg mit zwei Jägermeistern an der Bar begossen hatten, war klar gewesen, dass Bastian und Bille ab jetzt durch dick und dünn gehen würden. Es war klar, dass sie sich ab jetzt jeden Tag hören würden.

★

Die besten Menschen der Welt leben auf Inseln. Zumindest erscheint es uns so. Denn sobald wir sie treffen, fühlt es sich jedes Mal so an, als würden wir nach Ewigkeiten des Schwimmens endlich wieder festen Boden unter den Füßen haben. Als könnten wir uns von einer Phase des Abstrampelns in den Weiten eines notorisch unruhigen Meeres erholen. Als würden uns alle Stürme der Risiken, alle Tsunamis der Unsicherheit, die dort draußen wüten, dann plötzlich nicht mehr erreichen können.

Und mehr noch. Auf den Inseln geschieht zuweilen sogar das Wundersamste überhaupt: Unsere Zweifelmonster geben endlich einmal kurz Ruhe. Auf unserer Insel scheinen wir für einen kleinen Moment immun gegen sie zu sein, ausnahmsweise beißen sie sich dort an uns ihre kleinen Zähnchen aus. So lange, bis sie aufgeben und sich zusammen mit ihren sonst so erfolgreichen Helfern, den permanenten Fragen danach, ob wir uns gerade in diesem Moment wirklich am richtigen Ort zur richtigen Zeit mit dem richtigen Menschen befinden, in Luft auflösen.

Denn auf unseren Inseln prallt der Gedanke, ob es vielleicht doch irgendwo anders vielleicht noch bessere beste Freunde geben könnte, einfach an uns ab. Weil wir dort zur Abwechslung einmal tatsächlich *wissen*, dass es keine besseren gibt. Weil wir uns dort, ruhig in unseren Hängematten schaukelnd, tatsächlich einmal todsicher sind, uns genau da zu befinden, wo wir die ganze Zeit sein wollen: am *richtigen* Platz.

*

»Wie würden Sie denn selber Ihre Beziehung zu Sibylle definieren?«, fragt Herr G. Bastian geduldig.

Bastian findet diese Frage absurd. Er fühlt sich mittlerweile wie in einem völlig sinnfreien Verhör gefangen. Sein Blick wandert auf die Uhr. Noch dreiundvierzig Minuten.

»Gut. O. K.«, sagt er so sachlich wie möglich. Es ist einfach eine Scheißsitzung heute. »Also: Bille ist meine beste Freundin. Mein bester Kumpel. Jemand, auf den ich mich verlassen kann. Der immer da ist. Jemand, der mich nicht nervt.« Bastian wirft Herrn G. einen provozierenden Blick zu, »Jemand, der mir nicht andauernd blöde Fragen stellt.«

Herr G. nickt.

Bastian hat diese Besessenheit, alle Beziehungen immer gleich definieren zu wollen, noch nie verstanden. Sein Therapeut ist ja nicht der Einzige. Seine Ex-Freundinnen, Michi, die Kolleginnen von Bille, seine Mutter, sogar sein verdammter Nachbar – alle sind sie diesem behämmerten Definierwahn verfallen. Alle wollen sie wissen, was das mit Bille und ihm ist. Dabei ist es nichts. Was ihn mit Bille verbindet, ist *nichts*. Außer einer dicken Freundschaft.

Herr G. sieht Bastian immer noch fragend an.

»Keine Ahnung, Mann«, braust Bastian auf. »Wenn Sie es noch genauer wissen wollen, fragen Sie Bille doch selber. Zwischen uns ist alles gut. Warum wären wir denn sonst immer noch befreundet?«

Herr G. schweigt. Bastian auch. Er starrt auf den Sekundenzeiger. Er ist wütend. Noch zweiundvierzig Minuten.

*

»Anna, sorry, ich weiß, dass du gleich deine Mutter anrufen musst«, ruft Marie ihr hektisch ins Ohr. »Aber ich muss mich hier nur noch mal ganz kurz aufregen! Hast du schon Meikes Veranstaltungseinladung gesehen? Ich find die ja *so* peinlich! Die ist ja wohl so *krass peinlich*!«

»Moment, Moment«, Anna wischt sich die Hände an der Hose ab. Sie hat gerade Salat gewaschen, mit dem Handgelenk tippt sie auf ihrem offen stehenden Computer auf die Tastatur, damit er aus dem Standbymodus erwacht. Sie muss gar nichts weiter aufrufen, Facebook ist sowieso ihre Startseite bei Safari.

Mit dem gebogenen Handrücken klickt Anna auf den Newsfeed-Button. »Ach Gott, ja, ich seh's ...«, sagt sie.

»Schlimm, oder?!«, erbost sich Marie. »Das ist doch echt *schlimm! Oder?!*«

*

Leider kann kein Mensch ewig in der Hängematte liegen bleiben. Auch wir nicht. Irgendwann müssen auch wir unsere Inseln wieder verlassen und uns zurück ins Wasser trauen. Und dort herrschen andere Regeln.

Schon ein kleines Stück weit vom Strand entfernt kann das Wasser nämlich ziemlich schnell ziemlich kühl werden. Zwar tummeln sich dort viele schöne bunte Gestalten, die in den schimmernden Spiegeleffekten der Sonne tanzen. Und es bringt auch total viel Spaß, uns dort zwischen den anderen herumtreiben zu lassen, bis auch uns ganz viele glitzernde Sandkörner umtanzen. Doch es gibt dort auch eiskalte Strömungen. Die uns jederzeit erwischen können. Und gegen die uns dann, so wissen wir, auch unsere Insel, obwohl sie die ganze Zeit noch in Sichtweite ist, nicht mehr viel helfen kann.

Denn dort, auf dem Meer, hört das sichere Zuhause unserer besten Freunde auf. Und es beginnt unser sogenanntes Netzwerk. Wo genau es anfängt, ist nicht immer ganz klar. Und wo es aufhört, schon gar nicht. Die Grenzen, so ist das eben im Wasser, sind fließend.

*

Anna klickt auf den Link, den Meike, eine von Maries langjährigen Freundinnen aus dem Studium unter ihre vor fünf Minuten gepostete öffentliche Einladung gestellt hat. »*Schwiegertochter gesucht. Noch drei Tage bis zur neuen Staffel! Wer ist dabei? Chips und Sofa vorhanden. Zeit: Sonntag, 19:05 Uhr, Ort: Bei mir!*« Auf YouTube beginnt eine Szene aus der letzten Staffel der Sendung, die Meike schon letztes Jahr einmal an Marie und Anna weitergeleitet hatte. Eine übergewichtige Frau, Ende vierzig, mit unheimlicher Oma-Brille, Doppelkinn und unvorteilhaftem Kurzhaarschnitt wird, untermalt von billiger Technomusik, in Endlosschleife immer wieder dabei gezeigt, wie sie in einer Tür steckenbleibt.

»Dass die so was auch immer bei Facebook ausflaggen muss!«, sprudelt Maries Stimme durchs Telefon, »Und dann auch noch bei *so* einer Show! Ich meine, man postet doch nicht was von einer Datingshow, wenn man selber schon dreißig und ewig Single ist?! Also, ich will ja auch gar nix sagen, Meike ist ja auch 'ne gute Freundin von mir und sie ist ja auch echt 'ne ganz Liebe und ich hab sie ja auch echt gerne – weißt du ja alles –, und natürlich ist sie auch noch lange kein Fall für so 'ne Show. Aber irgendwie, ... ich weiß nicht ... ich finde, da sollte sie echt lieber einfach gar nichts schreiben.«

»Oder eben nur 'ne Rundmail«, wirft Anna in Maries aufgebrachten Monolog ein. Sie ist zurück in die Küche gegangen und schneidet Gurken.

»Genau, oder eben 'ne Rundmail! Halt einfach nur 'ne Nachricht an die, die dann auch wirklich kommen sollen und die das dann auch richtig verstehen. Für die das dann eben nicht so wirkt wie ›Hallo alle, ich habe kein Leben und warte deshalb monatelang verzweifelt darauf, dass wieder Trashfernsehen läuft, damit ich endlich auch mal ein social event bei mir ausrufen kann‹. Halt nicht so von wegen ›Hallo, wer kommt zu mir auf die Couch, ich habe keine Freunde!‹«

Anna schmeckt ihr Dressing ab, während Marie kurz Luft holt.

»Weißt du, *ich* glaube ja«, fährt Marie fort, als wäre sie gerade dabei, ein Rätsel zu knacken, »ich glaub ja, dass die das dann einfach komplett *vergisst*, wie das auf andere wirkt. Ich glaub ja, dass die gar nicht daran *denkt*, dass das total opferig und richtig krass desperate rüberkommen könnte. Dass sie dann vergisst, dass das dann *alle* sehen können. Weil ja gerade *sie* auch so eine ist, die mit *all* ihren Kollegen vom Job befreundet ist ...«

»Mmm«, sagt Anna.

»... und *die* finden das sicher *so richtig* creepy, wenn die sowas lesen ... also, da bin ich mir *ganz* sicher. Das müsste man ihr eigentlich fast mal sagen ...«

»Hmm«, sagt Anna.

Marie schweigt. Nur das Klicken von ihrer Maus ist noch zu hören.

»Naja«, sagt Anna und tippt mit dem Esslöffel die schimmernden Ölperlen in ihrer Salatsoße an.

»Kommst du denn da jetzt eigentlich hin?«, fragt Marie Anna, während sie weiterklickt, mit etwas ruhigerer, fast gleichgültiger Stimme. »Also, ich würd schon kommen«, sagt sie. »Ist ja auch ein Sonntag, da macht man ja sowieso nix, aber ich hab da, glaub ich, auch keine Lust alleine hinzufahren.«

Anna tunkt ein Salatblatt in die Vinaigrette. »Klar, wenn du magst, komm ich auch.«

Marie tippt und klickt jetzt abwechselnd. »Ich kann ihr ja einfach schreiben, dass wir beide kommen. Aber ganz sicher sag ich das nicht auf Facebook zu, ich hab grad schon »entfernen« gemacht. Ich will das ja nicht auch noch auf *meiner* Pinnwand stehen haben.«

»Nee, das will man nicht«, sagt Anna mit vollem Mund.

»Gut, also ich hab ihr jetzt gemailt. Ich hab gesagt, wir freuen uns und bringen noch irgendwas zu knabbern mit. Aber jetzt ruf du erst mal deine Mutter an. Und grüß sie schön. Und ich versuch's später einfach noch mal bei dir. Und wir sprechen schnell! Und stress dich nicht! Und pass auf dich auf!«

»Du auch auf dich«, sagt Anna und mischt ihren Salat.

★

Herr G. scheint noch einen letzten Anlauf nehmen zu wollen. »Meinen Sie denn, dass Sibylle die Beziehung zu Ihnen genau so wie Sie empfindet?«, hört Bastian ihn fragen. »Hat sie außer Ihnen in den letzten Jahren noch andere enge Verbindungen zu Männern gehabt?«

Bastian wendet seinen Blick von der Uhr ab.

»Wissen Sie was?«, sagt er mit unterkühlt höflicher Stimme, »Ich glaube, ich würde heute offen gestanden lieber gerne über etwas anderes sprechen.«

*

Seit wir uns vor einiger Zeit mitsamt unserer Insel eins zu eins kopiert und diese Kopie von uns online gestellt haben, kann man uns auf jeder Landkarte finden. Viele andere kleine Inselstaaten haben das auch getan. Auch sie sind sichtbar geworden. Mit ihnen haben wir uns in kürzester Zeit zusammengetan. Und ergeben nun alle zusammen ein riesiges, schwimmendes Land auf dem Ozean. So riesig, dass es nach den Einwohnerzahlen gerechnet schon jetzt das drittgrößte Land der Welt geworden ist.

Und obwohl Facebook natürlich irre praktisch ist und wir dort immer jemanden finden, der mit uns spricht oder der WG-Zimmer, Jobs oder Konzertkarten zu verscherbeln hat – dieses Land ist nicht unsere Heimat. Denn dort, irgendwo zwischen all den Gesichtern, im so schön tanzenden, glitzernden Sand unseres Netzwerkes tummeln sich leise und heimlich, gesichts- und namenlos unsere Angstmacher Nummer drei.

Unsichtbar sind sie dort ständig bei uns. Wie lautlose Schatten stehen sie hinter uns, wenn wir uns im realen oder virtuellen Kreis unserer netten Bekannten und spannenden Kollegen herumtummeln. Und flüstern uns nur ganz selten einmal etwas ins Ohr. Dann sagen sie etwas, das wir, wenn wir all diese Menschen um uns herum so sehen, kaum glauben können. Von dem wir aber wissen, dass es stimmt: Netzwerke können durchlässig sein.

Wir wissen, dass es wahr ist: Dass uns all diese mit uns verbundenen Menschen, die uns da umgeben, denen wir gerade etwas bedeuten und die uns heute wichtig sind, ebenso schnell vergessen könnten, wie sie uns kennengelernt haben. Dass wir für sie ebenso sympathisch wie austauschbar sind. Dass wir, wenn wir die Stadt wechseln müssten, keine gemeinsamen Bekannten oder coole Jobs mehr hätten, wir bei ihnen womöglich sofort wieder weg vom Fenster wären. Dass, wenn es einmal brenzlig würde und wir einmal ernsthaft Hilfe oder Beistand bräuchten, uns ziemlich wahrscheinlich keiner von diesen Leuten zur Seite stehen würde. Ziemlich wahrscheinlich würden sie uns sogar eiskalt den Rücken zuwenden. Genau so wie wir ihnen.

Denn ein Netzwerk ist schließlich keine Insel. Und wer so blöd ist, dass er das nicht auseinanderhalten kann, dem würde vermutlich auch kein neues Wort für seine echten Freunde weiterhelfen.

*

Seit Bastian Bille kennt, hatte sie noch nie einen Mann. Weder als Date noch in ihrem Bett, noch sonst wo. Zumindest hat sie nie von jemandem erzählt. Und wenn sie um die Häuser zieht, ist Bastian eigentlich sowieso immer dabei.

Dass Bille nicht über Männer redet, weiß nicht nur er. Sondern eigentlich gleich jeder, der sie neu kennenlernt. Irgendwie strahlt Bille sofort und unverkennbar aus, dass das Thema Beziehung für sie absolut tabu ist. Warum das so ist, weiß niemand. Es ist einfach so.

Bille ist dreiunddreißig. Sie hat ein schönes Gesicht. Nur wirkt sie auf die meisten insgesamt ein bisschen zu derb, ein bisschen zu burschikos. Was vor allem an der Mischung ihres Nasenpiercings, ihrer Körperhaltung in ihren ewigen schwarzen Kapuzenpullis und der Art, in der sie ein bisschen zu routiniert das Bier mit dem Feuerzeug aufmacht und sich eine Zigarette dreht, liegt.

Bille wirkt, als habe sie einen Panzer um sich. Einen Schutzwall aus grober, kumpeliger Lässigkeit, den niemand durchdringen kann. Sogar Bastian nicht.

Im ersten halben Jahr hatte Bastian Bille auf Partys noch regelmäßig in die Seite geboxt, auf irgendwelche Typen gedeutet und mit dem Kopf genickt »Watt meinste? Der vielleicht?« Bille hatte ihn dann zurückgeboxt, kräftig, es tat richtig weh. Sie hatte gelacht. Und nie etwas gesagt außer »Nee, danke, lass ma'«.

Und nur ein paarmal, ganz am Anfang hatte Bille noch ab und zu einen Ex-Freund von zu Hause erwähnt. Einmal, besoffen, hatte sie Bastian davon erzählt, dass sie sich jetzt schon seit Wochen wieder ständig e-Mails mit ihm schreiben und sie das langsam ein bisschen irritieren würde. Das sei schon nicht mehr normal, hatte sie Bastian gesagt, ihre Ebene sei schon ganz schön tief, obwohl sie seit zwei Jahren keinen Kontakt mehr gehabt hätten. Der Typ werde sie jetzt vielleicht bald mal besuchen kommen, hatte Bille Bastian gestanden und dabei eine verlegene Grimasse gezogen.

Doch der Typ kam nie. Und Bille erwähnte ihn nie wieder. Ihn nicht, und auch sonst niemand. Männer schienen sie ab dann einfach nicht mehr zu interessieren. Weshalb es also immer nur noch um Bastian ging. Um Bastian und seine unübersichtlichen Frauengeschichten.

*

Obwohl oder gerade weil wir uns in unserem Netzwerk nie so ganz sicher sein können, wie dicht die Maschen unserer Bekanntschaft gestrickt sind, wollen wir dort unbedingt und von allen gemocht werden. Im Idealfall soll das ganze riesige Netzwerk über uns denken und am besten noch weitersagen, wie unglaublich witzig, spannend, klug, hübsch, eloquent, natürlich und cool wir sind.

Zumindest sollte es nicht das Gegenteil von uns denken. Denn obwohl wir vielleicht ganz gut verdrängen können, dass man hinter unserem Rücken über uns spricht, wissen wir sehr gut, wie es jenseits der für alle lesbaren Statuszeilen und Kommentare zugeht. Wir wissen, welche Dinge in welchem Tonfall dort, durch die einzelnen Kanäle, in denen keiner zuhören und mitlesen kann, über andere herumgefunkt werden.

Wir wissen es, weil wir es auch tun. Und zwar ständig. »Weißt du«, sagen wir dann zum Beispiel über irgendjemand Dritten,

- »das ist so einer, der postet auf Facebook, was er zu Mittag gegessen hat.«
- »das ist so eine, die trägt ihr Handy in einer Babysocke mit 'nem Diddl-Maus-Anhänger mit sich herum.«
- »das ist so eine, bei der löst ein Freund nahtlos den vorherigen ab.«
- »das ist so einer, der rasiert sich die Brusthaare.«
- »das ist so einer, der kann sich nicht vorstellen, Elternzeit zu nehmen.«
- »das ist so eine, die hat die *Glamour* abonniert.«
- »das ist so einer, der studiert im achtzehnten Semester und leitet die Fachschaft.«
- »das ist so eine, die geht viermal die Woche zum Spinning.«
- »das ist so einer, der zitiert ständig die *Simpsons*.«
- »das ist so eine, die sagt ›Latte Macchiati‹.«
- »das ist so einer, der hört bis nachts um vier Radiohead und betrinkt sich alleine.«
- »das ist so eine, die rülpst einfach mal ganz laut, weil sie das lustig findet.«
- »das ist so einer, der filmt später die Geburt seines Kindes mit der Kamera.«
- »das ist so eine, die das Schutzengel-Tarot befragt.«
- »das ist so einer, der öffnet Bierflaschen mit den Zähnen.«
- »das ist so eine, die hat auf dem Computer als Hintergrundbild ein Foto von ihrem Freund.«

- »das ist so eine, die hat so Bilder in ihrer Küche hängen auf denen »Cappuccino« steht.«
- »das ist so einer, der hört auf, die Musik einer Band zu hören, sobald sie jemand anderes kennt.«
- »das ist so eine, die isst nur das, was freiwillig vom Baum gefallen ist.«
- »das ist so einer, der schenkt zum Valentinstag Blumen.«

Wir meinen das gar nicht böse, wenn wir so etwas sagen. Wir meinen es noch nicht einmal unbedingt bewertend. Wir wollen eben nur möglichst viel beschreiben und dabei möglichst wenig sagen. Wir wollen die Leute, die wir meinen, eben nur schnell in einem einzigen Bild zusammenfassen. Nur der Einfachheit halber. Weil es so halt praktischer ist.

Und überhaupt: Wir sagen ja auch nur das, was sowieso jeder beobachten kann. Und beobachten kann man eben viel. Denn dazu ist so ein Netzwerk ja auch irgendwie da.

★

Anna erkennt Marie schon von weitem. In ihrem roten Mantel sticht Marie aus der Masse von Passanten, die wie sie an der Ampel warten. Als Marie Anna auf der anderen Straßenseite erblickt, strahlt sie und winkt mit ihrer freien Hand über den Zebrastreifen. Sie ist noch am Telefon. Durch die Autos hindurch sieht Anna, wie Marie die Augen verdreht, während sie spricht und zuhört.

»Wer?«, haucht Anna leise mit den Lippen und deutet aufs Telefon, als sie Marie in der Mitte der Straße umarmt.

»Meike«, haucht Marie und hakt sich bei Anna ein. »Ja«, sagt sie laut in ihr Handy, »nee, das ist doch okay, mach dir keinen Stress ... Ach, Quatsch, mach dir keinen Kopf«, Marie untermalt das Gespräch mit einer kreisenden Handbewegung in der Luft, als wolle sie beim Fluss der Worte, die durch den Hörer kommen, auf Vorspulen schalten. Anna lächelt sie mitleidig an. Sie streicht Marie über die Wange. Die beiden halten vor dem Starbuck's an der nächsten Kreuzung. »Wie immer?«, flüstert Anna. Marie nickt. Sie kramt mit der freien Hand in ihrer Tasche nach Geld, aber Anna ist längst verschwunden.

Als sie in der Schlange zur Kasse wartet, muss Anna lächeln, so vertraut ist ihr Maries Gestikulieren beim Sprechen, das sie durch die Fensterscheibe beobachten kann. Für ihre Freundschaft macht es zwar kaum einen Unterschied, wo Anna und Marie gerade leben. Die Nähe zwischen ihnen war während der letzten zwei Jahre, die sie eine Fernbeziehung führen mussten, genau so groß wie jetzt. Aber darüber, dass sie Marie im Moment einfach so mal eben, wenn sie gerade Lust hat, sehen kann, weil sie jetzt wieder nur ein paar Straßen voneinander entfernt wohnen, freut sich Anna trotzdem jedes Mal von neuem.

★

»Also gut, wie Sie möchten«, sagt Herr G. und legt den Notizblock auf den Boden zwischen seine Füße. »Dann sprechen wir jetzt also über etwas anderes.«

Bastian schweigt. Er starrt auf Herrn G.s Hände. Ganz leise tickt die Uhr auf dem Tischchen am Fenster. In schier grausamer Geduld beginnt Herr G. damit, seinen Kugelschreiber langsam auf der offenen Handfläche vor- und zurückrollen zu lassen. Der Stift rollt immer knapp bis zu dem Punkt, an dem er von der Hand auf den Boden fallen würde. Bastian rutscht auf seinem Stuhl hin und her. So kann er es hier unmöglich noch eine halbe Stunde lang aushalten.

»Okay«, lenkt er ein, »dann fragen Sie mich etwas Neues.«

Herr G. hält den Stift an. Er blickt auf. Sein Blick ist freundlich.

»Haben Sie auch einen besten Freund?«, fragt er. »Also einen männlichen besten Freund, meine ich?«

Bastian atmet auf. Er hatte fast schon gedacht, Herr G. wäre nach seinem Ausraster eben beleidigt.

»Klar«, sagt er. »Malte. Den kenn ich, seit ich drei Jahre alt bin.« Er lächelt. »Ist 'n guter Typ.«

Auf einmal bekommt Bastian doch ein bisschen Lust zu reden. Herr G. muss gar nichts weiter fragen. Er nickt jetzt nur noch ab und zu aufmunternd hinüber, während Bastian von selbst erzählt und erzählt.

*

Es stimmt schon: Wirklich kennen tun wir diejenigen, über die wir da ständig sprechen, nicht. Wir haben meistens nur kurz mal auf einer Party mit ihnen geredet, hatten irgendwann einmal beruflich mit ihnen zu tun, haben ihre Fotoalben durchgeklickt oder sie einfach nur im Bus oder im Supermarkt für ein paar Minuten beobachtet.

Eigentlich wissen wir ja auch, dass das nicht reicht, um wirkliche Aussagen über jemanden treffen zu können. Aber unsere Menschenkenntnis ist nun mal ziemlich gut. Und je öfter wir jemanden treffen, je genauer wir ihn aus Neugier oder Langeweile bei Facebook abgestalkt und aus Gesprächen über ihn und seine Freunde erfahren haben, desto schneller und besser wird aus unserer ersten Momentaufnahme ein richtiges Bild. Ein Bild, mit dem man richtig etwas anfangen, das man richtig interpretieren kann.

Denn uns reicht es nicht, ständig nur uns selber zu beobachten und nur unser eigenes Verhalten zu durchdenken. Das Leben der anderen finden wir mindestens ebenso spannend. Weshalb wir es in einem Abwasch mit unserem eigenen kurzerhand auch gleich einmal schön durch unseren Analysewolf drehen. So lange, bis wir das Wesentliche zu wissen meinen. Bis wir meinen zu wissen, wie die Dinge bei denen, die wir kennen, *eigentlich* liegen. Denn oft genug ist das, was wir da erspüren und entlarven, gar nicht so offensichtlich. Oft ist es sogar so verborgen, dass die Leute es selbst noch gar nicht über sich wussten. Zum Beispiel,

- dass sie ihren Job schon lange nur noch des Geldes wegen machen, und nicht, weil er ihnen wirklich Spaß bringt;
- dass sie mit ihren Statussymbolen eigentlich nur versuchen, ihre Unsicherheit zu kompensieren;
- dass sie eigentlich gar nicht so stark sind, wie sie sich immer geben;
- dass sie nur ständig an allem rummäkeln müssen, weil sie ihre Probleme lieber auf etwas anderes projizieren, anstatt sich mit ihnen auseinanderzusetzen;
- dass sie sich gar nicht mehr richtig öffnen können, weil sie einmal so schlechte Erfahrungen gemacht haben;
- dass sie Freundschaft mit Liebe verwechseln und ihnen in ihrer Beziehung irgendwann das Körperliche fehlen wird;
- dass sie einen ganz schönen Knacks von zu Hause mitgenommen haben und deshalb kein wirkliches Vertrauen zu irgendwem mehr aufbauen können;
- dass sie nur deshalb gleich ihre Sandkastenliebe geheiratet haben, weil sie zu feige waren, sich in die wirkliche Welt hinauszutrauen;
- dass mit ihrem Partner auch nicht alles so rosig ist, weil sie sonst ja wohl schon längst mal ein bisschen mehr Commitment gezeigt hätten;
- dass sie sich, seit das Kind da ist, als Paar eigentlich gar nichts mehr zu sagen haben;
- dass sie eigentlich *doch* ein Problem mit ihrem Gewicht haben;
- dass sie eigentlich *doch* schwul sind;
- dass das für sie eigentlich *doch* mehr als Freundschaft ist;
- dass sie bei allem, was sie tun, eigentlich nur versuchen, ihre Elternkomplexe zu heilen;

- dass sie schon viel zu lange in einer ungesunden Symbiose leben;
- dass das bei ihnen auch sehr viel mit Verdrängung zu tun hat.

Natürlich sind auch das alles nur Vermutungen. Kann sein, dass sie nicht stimmen. Oder dass sie stimmen, aber die von uns attestierten Gründe doch ganz andere sind. *So* gut kennen wir diejenigen, die wir da analysieren, ja nun auch wieder nicht. Und eigentlich geht uns das alles ja auch überhaupt gar nichts an.

Aber genau deshalb sagen wir ja auch nichts davon öffentlich.

★

»Na gut, du«, flötet Marie ins Telefon, als Anna aus dem Café kommt und ihr den Pappbecher mit dem Karamell-Macchiato in die Hand drückt, »ich lass dich jetzt da auch mal weitermachen, Meiki. Wir kommen nachher ja auch gleich vorbei, wir trinken hier nur noch schnell 'nen Kaffee. Prima! Ja! Bis dann! Wir freuen uns!«

Demonstrativ tippt Marie mit dem Zeigefinger auf ihr iPhone, um aufzulegen. »BOAH«, stößt sie aus, als hätte sie fünf Minuten lang die Luft anhalten müssen. »Diese Frau kann einen *echt* fertig machen. Die textet mich *so extrem* zu, das kannst du dir nicht vorstellen. *Ständig* ruft sie an, *ständig*!« Marie stopft ihr Handy in ihre Jackentasche und hakt sich wieder bei Anna ein.

»Merkt die denn nicht, dass dir das ein bisschen viel wird?«, fragt Anna behutsam und schüttet Marie die Hälfte ihres Päckchens braunen Zuckers in den Kaffee.

»Offensichtlich ja nicht!«, Marie rührt hektisch durch den Karamellschaum. »Und ich kann sie ja nun auch nicht immer wegdrücken, wenn sie anruft. Da komm ich mir ja auch irgendwie fies vor. Aber eigentlich müsste ich das echt mal machen. Weil, weißt du, ich *seh* doch, wenn die angerufen hat, da muss sie doch nicht gleich noch fünfmal versuchen mich zu erreichen, oder?!«

Anna nickt.

»Ich denk dann echt ›Hallo, Mädel, *check's* doch mal endlich, dass ich einfach nicht so eng mit dir bin‹. Also, ich mein, selbst wenn ich das sein *wollte*, ich hätte dafür ja gar keine Kapazitäten mehr! Ich seh ja *dich* schon kaum!«

Anna nickt. Sie versteht Marie wirklich ganz gut. Denn was Freundschaften angeht, ticken Anna und Marie ziemlich ähnlich.

★

Bastian sprudelt jetzt. Er erzählt, dass Malte und er bis zum Abi unzertrennlich waren. Dass sie sich jeden Tag gesehen haben. Dass Malte mittlerweile leider in Spanien wohnt. Dass er sich dort im Auslandssemester verliebt hat. Dass er coolerweise nach seinem Abschluss in Deutschland auch beruflich ziemlich schnell Fuß da unten fassen konnte. Dass Bastian deshalb stolz auf ihn ist. Weil Malte alles, was er sich vornimmt, auch wirklich umsetzt.

Bastian erzählt, dass die Fernbeziehung zu Malte eigentlich echt ganz gut funktioniert. Dass sich die beiden, bevor Malte weggezogen ist, geschworen haben, sich nie länger als ein halbes Jahr nicht zu sehen. Dass Malte seitdem immer an Weihnachten kommt und Bastian ihn im Sommer besuchen fährt. Und sie dann mit dem Auto wegfahren. Dass sie sich dann einfach treiben lassen, ohne Plan. Dass es dann nämlich eigentlich egal ist, wo sie hinfahren. Hauptsache, sie sind zusammen.

Herr G. nickt.

Bastian kramt uralte Erinnerungen an Malte und sich heraus, er erzählt Herrn G. tausend kleine Geschichten: von Weihnachten und Silvester, von der Schule, vom Trampen durch Südamerika nach dem Abi, von der Autopanne im letzten Jahr mitten in der Pampa in den Pyrenäen. Davon, wie sie zusammen mit einem baskischen Opa mitten in der schlimmsten Mittagshitze vergeblich versucht haben, die Karre den Berg hochzuschieben.

Bastian schüttelt den Kopf. »Mit Malte hab ich echt schon endlos viele krasse Momente erlebt.« Er lächelt.

Herr G. lächelt zurück. Bastians Geschichten scheinen ihn wirklich zu interessieren.

*

Genauso wie Marie hat Anna ihr Sozialleben bis ins Letzte durchorganisiert. Woche für Woche führt sie To-Do-Listen darüber, wann sie welche Leute anrufen muss, akribisch zerstückelt sie vor ihrem Timer sitzend die wenigen arbeitsfreien Stunden in kleine Einheiten und verteilt sie dann so gerecht wie möglich an die Menschen, die ganz oben auf der Liste stehen. Doch trotz dieses professionellen Zeitregimes ist Anna eigentlich immer im Sozialstress. Wie Marie tut sie eigentlich nichts anderes, als permanent sich selbst hinterherzuhetzen. Denn es nimmt schlichtweg kein Ende mit all den Menschen. Gefühlte tausend Leute zerren von allen Seiten an ihr, irgendwer will immer irgendwas von ihr. So geht es Tag für Tag, Woche für Woche.

Das Pensum an Treffen, Telefonaten, e-Mails und SMS, das Anna eigentlich schaffen will, erreicht sie deshalb sowieso nie. Weshalb sie wie Marie eigentlich permanent ein schlechtes Gewissen hat. Die Sorge, dass irgendwer es ihr übelnehmen wird, wenn sie sich nicht bald endlich einmal wieder meldet, und die Angst, dass irgendwer aus diesem Grund schon lange auf sie böse ist, begleiten sie auf Schritt und Tritt. Und Anna schafft es weder, diese Sorge abzuschütteln, noch das Tempo des Menschenmarathons, den sie sich selber aufhalst, zu drosseln. Manchmal hat sie sogar das Gefühl, noch nicht einmal mehr für sich selbst greifbar zu sein.

Denn sie ist ja immer schon wieder auf dem Sprung. Auf dem Sprung von einer Einheit zur nächsten.

*

»Dem Malte ging es 'ne Zeitlang mal so richtig dreckig«, erzählt Bastian. »Vor ein paar Jahren, als der noch zwischen Deutschland und Spanien gependelt ist. Der hatte Angst, dass er das Falsche macht, er dachte, mit seiner Freundin klappt's nicht, seiner Mutter ging's hier super schlecht ... War übel.«

Seit Bastian Malte erwähnt hat, hat Herr G. sich keinen Millimeter mehr bewegt. Als hätte er Angst, dass er Bastians Redefluss sonst stören könnte, sitzt er, reptilienartig, komplett still auf seinem Stuhl.

»Naja, also dem ging's so richtig scheiße. Und da hat er mich angerufen. Um vier Uhr morgens. Der saß total besoffen vor einer Bar in Barcelona und hat geheult. Hat einfach nicht mehr aufgehört. Meinte, er weiß irgendwie nicht weiter, kann nicht mehr, ist einfach total durch. Will aber auch nicht nach Hause. Weil er auch noch Stress mit seinem Mitbewohner hatte und ihm da die Decke auf den Kopf fiel. Er meinte, das Einzige, was er will, ist, mich zu sehen. Dass das das Einzige wäre, was ihm helfen würde.«

Ganz vorsichtig neigt Herr G. den Kopf ein kleines Stück nach vorne. »Und was haben Sie dann gemacht?«

Bastian setzt sich auf. »Naja, ich war an dem Abend zwar auch unterwegs und auch schon ganz schön dicht, aber man wird dann ja plötzlich ganz klar, wenn's wichtig ist ...«

Herr G. nickt vorsichtig.

»... ich hab dann eigentlich sofort gesagt: ›Pass auf, Alter, du gehst jetzt nach Hause, holst dir den Schlafsack raus – das war übrigens noch mein alter Schlafsack – und gehst an den Strand. Da packste dich an die Stelle, wo wir letzten Sommer immer waren, und tust nichts anderes, als auf mich zu warten. Nichts anderes. Versuch meinetwegen zu pennen oder so. Auf jeden Fall wartest du da und rührst dich nicht vom Fleck. Und dann komm ich vorbei.‹«

»Und das haben Sie dann gemacht?«

»Das hab ich dann gemacht, ja.«

Bastian lacht. »Am Ende, in Barcelona, die letzten Meter zum Strand, bin ich sogar gerannt. Ich hatte ja nix dabei, deshalb konnte ich so richtig rennen, so schnell ich konnte halt. Hab krass geschwitzt, da war's schon richtig warm morgens, war total außer Atem. Und da lag der dann, der Malte. Ganz friedlich. Und hat sich irrsinnig gefreut, als ich ihn geweckt hab. Irrsinnig. Wie so'n Kind. Und ich mich natürlich auch.«

Bastian schüttelt lächelnd den Kopf.

»Das war irgendwie ... das war echt ein kleiner ganz großer Moment. Also, wenn das Wort jetzt nicht so extrem blöde klingen würde, war das mit das Größte, das ich je getan hab, glaub ich. Nur so von der Bedeutung her, mein ich ...«

»War das etwas, das von Herzen kam?«, fragt Herr G. Sogar er muss bei dieser Frage ein wenig schmunzeln.

Bastian lacht. Sein Lachen klingt herzlich. »Also, ich wollte Ihnen jetzt grad nicht eröffnen, dass ich schwul bin. Aber wenn Sie so wollen: Ja. Das kam direkt von Herzen. Weil da ging's halt irgendwie mal richtig um was. Das war halt was, das nicht egal war. Und es war was, das ich jederzeit wieder tun würde.«

Herr G. nickt. Er lächelt.

Es ist doch eine gute Sitzung, denkt Bastian. Im Augenwinkel sieht er die Uhr. Noch zwei Minuten.

»Hören Sie Malte oft?«, fragt Herr G. als Letztes.

»Nee«, antwortet Bastian, »aber wenn wir uns sehen, isses gleich immer total intensiv. Und unsere Touren im Sommer, die sind ... also, das ist jetzt leider schon wieder so ein furchtbar großes Wort, aber so isses eben: Die sind mir echt heilig. Weil ich dann echt rauskomme hier. Und weil ich dann jedes Mal wieder sehe, dass es stimmt: dass dieser eine Typ immer für mich da ist. Dass der jederzeit von egal wo auf der Welt zu mir kommen würde, wenn's mir dreckig ginge.« Bastian nickt. »Jederzeit.«

*

Bei uns piept es den ganzen Tag. Wir haben immer etwas im Ohr. Unsere Köpfe sind das Sammelbecken für sämtliche Weck-, Erinnerungs- und Klingeltöne, sie sind die Fläche, auf die der Zufall jeden Tag wieder ein großes, chaotisches Klanggemälde malt. In ihnen vermischt er die Eingangsgeräusche von Milliarden von e-Mails mit dem Schrillen von mobilen und festen Netzen, in ihm trifft der pochende Beat des Facebook-Chats auf das Blubbern der Nachrichten und das alte Telefonringen von Skype, durch das dazu noch ab und zu der undefinierbare Ton vom Google-Mailchat ertönt.

Und als ob diese große, penetrante, unausschaltbare kakophone Melodie, die schon zu spielen beginnt, noch bevor wir die Augen aufgemacht haben, und die uns gnadenlos begleitet, bis wir sie wieder schließen, nicht reichen würde, komponieren wir auch noch ein bisschen mit. Durch kleine Knöpfe oder große Hörer lassen wir es ohne Unterlass aus unseren gesammelten iTunes-Bibliotheken, YouTube-Channels, MySpace-Foren und sonstigen Musikportalen noch mitten in den Klangsalat hineinschallen.

Der verpixelt-schizophrene Sound, der bei alledem herauskommt, hört sich für uns eigentlich sogar ganz witzig an. Nur unsere Synapsen finden ihn manchmal nicht ganz so lustig wie wir. Mit dem Hyper-Multitasking an Tönen, Buchstaben, Stimmen, Gesichtern und Zahlen, die wir ständig zur Verarbeitung auf sie einpreschen lassen, katapultieren wir sie regelmäßig ins kognitive Aus. Und auch dann noch ist es uns leider unmöglich, auf das kopfschmerzig-herzrasige Überforderungsgefühl, mit dem unser Hirn zu streiken versucht, einzugehen. Denn wir haben die Stille verlernt. Und sind süchtig nach Geräusch geworden.

Schuld daran sind nur wir selber. Denn wir waren es ja selbst, die allen verraten haben, dass wir, wenn einmal kein grünes Häkchen neben unserem Namen aufblinkt, nur so tun, als wären wir nicht da, und während wir auf »unsichtbar« oder »abwesend« gestellt sind, eigentlich genau so wie immer die ganze Zeit mit der

Nase am Bildschirm kleben. Wir waren es selbst, die allen gesagt haben, dass wir unser Handy wirklich *immer* in der Hosentasche tragen. Und wir waren es selbst, die sogar blöd genug waren, auch noch das allerletzte Refugium, das uns wenigstens für einige Stunden oder Tage eine Pause von uns selbst geben wollte, zu zerstören. Vermutlich haben wir einfach nicht nachgedacht, als wir glaubten, dass es sich schon nicht so schnell herumsprechen würde, wenn wir trotz aktivierter Abwesenheitsnotiz wie immer sofort auf unsere Mails antworteten.

Vielleicht sollten wir wegen alledem eine Selbsthilfegruppe gründen. In der wir uns dann gegenseitig beibringen könnten, wie man sich selbst ausschaltet. In der man lernt, wie man die Tabs, die man gerade erst geschlossen hat, weil man plötzlich merkte, wie unsinnig es ist, alle paar Sekunden sämtliche Accounts zu checken, nicht automatisch direkt danach gleich doch wieder zu öffnen. Eine Gruppe, in der einem erklärt wird, wie man seine Akkus alle werden lässt. In der man gemeinsame Übungen macht, bei denen man lernt, wie man ohne Telefon sein Haus verlässt. Wie man, ohne erreichbar zu sein, einkaufen geht. Und wie man es da draußen dann schaffen kann, das obsessive Phantomklingeln und das ungute Gefühl, splitternackt oder gar nicht mehr existent zu sein, loszuwerden. Übungen, bei denen man lernt, drinnen erst dann zum Handy und zum Notebook zu stürzen, *nachdem* man seine Schuhe und seinen Mantel ausgezogen hat.

Vielleicht könnten wir dann irgendwann auch irgendeinen Psychocoach einladen, der uns vormachen könnte, wie man in einem Café auf jemanden wartet, ohne noch mal eben ein paar alte SMS zu löschen, um bloß keine Sekunde ungenutzt zu lassen. Vielleicht würden wir, wenn wir ihm dabei zuschauten, endlich auch sehen und verstehen, dass die Welt *doch* nicht untergeht, wenn man einmal kurz so aussieht, als wäre man alleine da und als hätte man rein gar nichts zu tun.

Dass nach dieser Therapie der Ort, an dem wir uns physisch befinden, wirklich hundertprozentig deckungsgleich sein würde mit dem Ort, an dem unsere Psyche herumflattert, daran glauben wir natürlich schon lange nicht mehr. Aber vielleicht könnten wir zumindest den Prozentsatz unseres Selbst, mit dem wir in diesem Woanders, in dieser über allem schwebenden Sphäre meinen anwesend sein zu müssen, wenigstens ein bisschen senken.

Denn unsere Sucht nach der eigenen Aufspaltung in multiple Anwesenheiten ist auf Dauer echt ganz schön anstrengend. Und dass wir echt krank sind, ist ja auch ziemlich offensichtlich.

Alleine kommen wir da nicht mehr raus. Dazu stecken wir schon viel zu lange viel zu tief drinnen. Dazu haben wir die Stille einfach schon viel zu sehr verlernt.

★

Anna und Marie lassen sich auf eine Parkbank fallen. Gleich müssen sie zu Meike. Aber ein paar Minuten Quality-Time haben sie noch. Marie zündet sich eine Zigarette an. Sie raucht nur, wenn sie sehr gestresst oder sehr entspannt ist. Gerade ist sie beides auf einmal.

»Naja, aber das wird Meike doch irgendwann vielleicht auch mal selbst merken?«, fragt Anna Marie vorsichtig, als sie sieht, wie tief Marie inhaliert. »Ich hatte das ja mit Katrin – die übrigens gleich auch da hinkommt – auch ein bisschen, als die hergezogen ist. Aber das hat sich dann relativ schnell eingependelt ...«

»Ist doch super, wenn die auch gleich kommt«, sagt Marie, während sie den Rauch ihrer Zigarette mit der freien Hand von Anna wegzufächern versucht. »Dann kann die dich danach ja noch nach Hause fahren, dann hat sie 'n bisschen Zeit mit dir alleine und kann über ihre Verlobung reden, und dann musst du nicht noch mal extra mit ihr ins Café, so wie letztes Mal.«

Anna nimmt Maries leeren Becher und steckt ihn in ihren.

»Ich fürchte halt nur«, sagt Marie und ascht in Annas Bechergebilde, »dass Meike da viel weniger Antennen für hat als Katrin. Die ist hartnäckiger, weißte. Wenn bei ihr was ist, dann meldet sie sich halt jetzt immer bei mir. Die gibt mir jetzt immer so Updates über ihre Probleme, weil sie denkt, dass das jetzt eben zwischen uns so ist.« Marie legt den Kopf in den Nacken und bläst den Rest Rauch in die Luft. »Dabei würde *ich ihr* nie im Leben irgendwas richtig Intimes erzählen, weißt du?«

Marie erstickt den glimmenden Rest ihrer Zigarette im klebrigen Rest Karamellsirup.

Anna nickt.

★

Mit »richtig intim« meinen wir nicht solche Dinge wie unseren Kontostand oder unsere Vorlieben beim Sex. Wir meinen damit Dinge wie unsere Angst. Wir meinen damit die Momente, in denen sie so richtig hochkommt. In denen wir uns so richtig klein fühlen. In denen uns alles zu viel wird und wir kurzzeitig so richtig verzweifelt sind.

Wir meinen Momente wie den, in dem Marie bei ihrem letzten Praktikum vor Überforderung auf dem Klo zusammengebrochen ist. Phasen wie die, in der Anna sich nach der Trennung von Felix wiederfand, als sie tagelang erschöpft und lethargisch zu Hause hing und niemanden sehen wollte.

Wir meinen Momente, die man uns eigentlich nicht zutrauen würde. Weil wir sonst immer so fit, so strahlend und so stark aussehen. Wir meinen Informationen, die als Schwächen auslegbar sind. Geschichten, die uns bloßstellen könnten. Tatsachen, für die wir uns schämen würden, wenn man sie über uns wüsste. Für die sich vielleicht sogar andere für uns fremdschämen müssten.

Wir meinen Dinge, die man nicht jedem, sondern nur seinen besten Freunden weitererzählen darf. Weil sie einfach nur furchtbar, furchtbar peinlich sind.

★

Marie wirft die Pappbecher in den Müll. »So, auffi, Spatzerl«, sagt sie und reicht Anna die Hand, um sie von der Parkbank hochzuziehen.

Anna war der einzige Mensch gewesen, dem Marie vor einigen Wochen auf genau dieser Parkbank von ihrem – wie sie es nannte – Selbstversuch erzählt hatte. Niemand anderes außer Anna hätte verstanden, dass ausgerechnet Marie, die es doch wie Anna eigentlich als Allerletzte nötig zu haben schien, sich bei einem Online-Dating-Portal anmelden wollte. Anna war die Einzige, der Marie die möglichen Kandidaten für ein Date gezeigt hatte. Die Einzige, die Christoph, den Parship mit Hilfe von komplizierten Rechnungen und anhand endloser Fragebögen zu Maries Lieblingsmarken, Restaurants, Reiseländern, Musik, Clubs, Städten und ihrer Auffassung einer idealen Beziehung als perfekten Partner ermittelt hatte, als durchaus geeigneten Anwärter abgenickt hatte.

Es war Anna gewesen, die Marie später erklären musste, dass, nur weil Christoph beim Kaffeedate wirklich nett gewesen war und nur weil er, was den Job, das Aussehen, die Sportlichkeit und den Humor anging, bis ins Letzte das identische männliche Ebenbild von Marie zu sein schien, es nicht automatisch hatte funken *müssen*. Nur Anna hatte Marie danach geglaubt, dass mit ihr trotzdem noch alles normal ist und sie ganz sicher eines Tages jemanden finden würde, der neben seiner Perfektheit auch noch das gewisse Etwas haben würde.

Und an dem Abend, als sie zusammen mit Kollegen von Marie einen Mann namens Christoph im Restaurant trafen und Marie bei der Frage danach, woher sich die beiden kannten, einen Blackout hatte, war es Anna gewesen, die schnell »Aus dem Café, oder nicht?« einwarf und dafür nicht nur von Marie, sondern auch von Christoph sehr erleichtert angelächelt wurde.

★

In unseren Netzwerken geht es nie um Intimes. Es wird dort nicht darüber gesprochen und es wird nichts darüber gepostet. Im Gegenteil. Denn dort soll niemand von einem denken, man hätte irgendwelche ernstzunehmenden Schwachstellen.

In unserem Netzwerk wollen wir nicht gesehen werden, wie wir sind. Sondern nur so, wie wir sein wollen. Und deshalb zeigen wir uns lieber nur in gut ausgewählten kleinen Häppchen. Im lässigsten Understatement, im ironischsten Witz, im schönsten Foto, in der künstlerischsten Collage. Im aktuellsten, informiertesten, undergroundigsten, kultigsten oder trashigsten Link.

Oder, noch besser, mit irgendetwas, das so richtig schön peinlich ist. Denn damit, so wissen wir, sind wir immer auf der sicheren Seite.

*

»Kommt rein, kommt rein, ist grad noch Werbung«, ruft Meike vom Ende des Flurs zur offenstehenden Wohnungstür. »Schön, dass ihr da seid!«, sie wirbelt durch ihre kleine Wohnung und winkt Anna, Marie und Katrin, die zur gleichen Zeit angekommen ist, hinein. »Lukas? Nimmst du den Damen mal die Mäntel ab?« In der Wohnzimmertür erscheint Meikes Bruder. Anna und Marie kennen Lukas von Meikes Geburtstagsfeiern. Lukas hängt eigentlich immer bei seiner Schwester ab. Weil er nur eine Straße weiter wohnt. Und weil er irgendwie immer Zeit hat. Lukas ist groß und breit wie ein Schrank, man sieht ihn eigentlich immer nur in ausgewaschenen Jeans und etwas zu weiten, zeltartigen T-Shirts wie dem heute, auf dem in großen Lettern »Verdammt! Schon wieder ein T-Shirt mit Bauch« steht. Außer dass er um die dreißig ist, in einer Videothek jobbt und irgendwann mal irgendwas mit Geschichte und Wirtschaft studiert und abgebrochen hat, ist Anna und Marie nichts über ihn bekannt.

»Mädels, was geht«, sagt Lukas charmant und hängt die Mäntel auf. Er drückt Anna fest. »Na, Dancing Queen«, zwinkert er und lacht sein ansteckendes, bäriges Lachen.

Anna wird rot. Das letzte Mal, auf Meikes Geburtstag, als am Schluss nur noch Anna, Marie, Meike und Lukas da gewesen waren, hatte Anna mit Lukas im Duett bei SingStar mit sämtlichen Abba-Songs abgeräumt. Meike und Lukas hatten Anna auf den Tod schwören müssen, die Fotos davon nie im Leben irgendwo publik zu machen.

»Geht los!«, schreit Meike aus dem Wohnzimmer.

Mit Katrin im Schlepptau folgen Anna und Marie Lukas ins Wohnzimmer. »Und das ist so eine Art Kuppel-Show?«, fragt Katrin leise. »Du kennst *Schwiegertochter gesucht* nicht?«, kreischt Lukas. Er öffnet eine XXL-Packung Chips und die Gummibärchentüte. »It's just a matter of ... time«, singt Meike den Trailer zur Sendung mit. »Das ist die grausamste Sendung überhaupt«, erklärt Lukas Katrin. »Dagegen ist *Bauer sucht Frau* gar nix. Da sind ja wenigstens noch ein paar Normale dabei. Hier suchen so fünfzigjährige, sozial verkrüppelte Vollpfosten, die noch bei ihren Eltern wohnen und noch nie 'ne Freundin hatten, ihre große Liebe.«

»Ah, okay«, sagt Katrin. Lukas zeigt auf den Fernseher. »Da ist schon einer.«

Auf dem Bildschirm erscheint eine merkwürdig geschlechtslos wirkende, gedrungene Frau in einem billigen Fleecepullover mit Huskymotiv darauf. Kitschige Musik bricht los. Meike lacht: »Oh Gott, oh Gott, wie sieht *die* denn aus?« Verklemmt und lispelnd liest die Frau ein plattes, schlecht gereimtes Liebesgedicht vor. »Heute gesteht die Autobahnraststättenfachkraft Beate dem schüchternen Kratzbildfan Peer, ihrem Traummann, endlich ihre tiefen Gefühle«, säuselt die Moderatorin. Der Kratzbildfan schielt gerührt in die Kamera. »Alter, wie *behindert* seid ihr eigentlich?«, brüllt Lukas den Fernseher an. »Die sind doch jetzt *echt* behindert, oder? Der Typ kann ja keinen ganzen Satz geradeaus sprechen!«

Lukas beugt sich zu Katrin. »So geht das die ganze Zeit«, er schüttelt den Kopf, »echt der Hammer, diese Leute, echt ganz großes Kino.«

Auf dem Bildschirm weint nun eine Kandidatin, weil sie nach Hause geschickt wurde und in der nächsten Kennlernrunde nicht mehr dabei sein darf. »Ohhhh«, sagt Lukas, »eine Runde Mitleid für dich.« Er greift tief in die Chipstüte. Ein paar Chips bleiben auf seinem T-Shirt liegen. Im Takt seines Lachens wackeln sie auf und ab.

★

Bastian wünscht Herrn G. zum Abschied eine gute Woche. Das hat er noch nie getan.

Auf dem Fahrrad hört er seine Mailbox ab. »Willst du mitessen?«, fragt Bille auf Band. »Wenn ja, komm schnell vorbei, noch isses warm. Bis gleich!«

Bastian hält vor einem kleinen Buchladen. Er sucht eine Postkarte aus. »Wann krieg ich eigentlich *endlich* meinen Schlafsack zurück? Freu mich auf den Sommer. Dein B.«, kritzelt er an der Kasse schnell auf die Karte und reicht der Verkäuferin den Kugelschreiber zurück über die Theke. »Soll die zur Post? Ich gehe sowieso«, fragt die Frau hinter der Kasse. Bastian dreht die Karte um. Das alte Schwarzweißmotiv zeigt James Dean in seinem Porsche, wie er lächelnd den rechten Daumen in den Himmel streckt.

Bastian nickt. »Gerne.« Er legt die Karte auf den Tresen und macht sich auf den Weg zu Bille.

★

»Liegst du schon im Bett?«, fragt Marie Anna.

»Mmm-hmm«, nuschelt Anna in ihr Kissen. Marie weiß, dass, wenn Anna nachts nicht ans Festnetz geht, das noch lange nicht heißt, dass sie nicht zu Hause oder schon richtig eingeschlafen ist.

»War wieder krass heute, oder?«, sagt Marie. »Ich mein, diese Sendung ist ja auch lustig. Aber *so* lustig dann eben auch wieder nicht. Katrin schien ja auch echt eingeschüchtert zu sein, oder?«

Anna gähnt.

»Nicht wundern«, sagt Marie. »Ich geh kurz mit dir aufs Klo, ja?«

Anna justiert ihre Schlafbrille. »Katrin ist halt eher nicht so eine, die auf anderer Kosten lacht. Da kann Lukas schon ganz schön einschüchternd wirken, glaub ich«, lispelt sie durch ihre Anti-Zähneknirsch-Schiene.

»Du, und morgen Abend da im Layout, da bin ich einfach ganz normal, oder?«, fragt Marie. »Also, wenn der Typ was von mir will, soll *er* auf *mich* zukommen, oder? Am liebsten würd ich da ja gar nicht hin, aber ich muss wenigstens auf ein Bier vorbeigucken und Gesicht zeigen und eine Runde smalltalken und socializen und nett sein. Zur Not geh ich danach aber dann einfach. Oder?«

»Ja«, sagt Anna und gähnt noch einmal, »das ist gut. Genau so machst du das.«

Sie schließt die Augen. In der Leitung hört sie das Rauschen der Klospülung.

»Okay«, sagt Marie, »danke. Dann hören wir uns einfach morgen. Ich wünsch dir schöne Träume. Gute Nacht, meine Süße.«

★

Wie gut bewusste Peinlichkeit gegen unsere Angst vor ungewollter Peinlichkeit hilft, merken wir immer dann, wenn wir es zwischendurch alle zusammen mal wieder so richtig übertreiben. Wenn wir gemeinsam grotesk entstellt auf Bad-Taste-Partys Dr.-Alban- und 2Unlimited-Songs von irgendeiner alten Bravo-Hits-CD grölen. Oder wenn wir, statt direkt in die Szenebar zu gehen, mit unseren Leuten zur Abwechslung mal in der schabrackigsten Eckkneipe des Viertels am Tresen Korn bestellen und eine Runde zu Schlagern aus der Jukebox tanzen. Bei solchen Aktionen fällt unsere ultimative Horrorvorstellung, dass man uns ernsthaft lächerlich finden könnte und es sich nur keiner traut, es uns zu sagen, einfach von uns ab. Dann darf sogar jeder gerne Fotos von uns machen und sie überall verteilen. Denn dann fühlen wir uns kurz einmal so richtig sicher.

Fast so sicher wie auf unseren Inseln. Fast so sicher wie auf unserem Heimatplaneten. Natürlich mit dem Unterschied, dass wir dort nicht nur kurz, sondern immer vergessen dürfen, wie wir rüberkommen. Und uns deshalb auf ihnen nicht nur ein bisschen, sondern so richtig fallenlassen können.

Zu Hause, jenseits des Netzwerkes, dürfen wir einfach immer so sein, wie wir sind. Denn dort müssen wir niemandem etwas beweisen. Und den Menschen, die uns dann gegenübersitzen, wollen wir auch gar nichts vormachen. Sie dürfen ruhig alles über uns wissen. Denn wir können uns ja sicher sein, dass sie nie etwas davon gegen uns verwenden würden.

Sie sind schließlich die besten Menschen der Welt.

Eltern:
Die Angst vor dem Erwachsenwerden

»*Nimm dir alles, was da ist.*«
Unsere Eltern vor ihrem Kühlschrank

Wir alle sind mit einer Flatrate zur Welt gekommen. Direkt nach unserer Geburt ist sie freigeschaltet worden. Sie ist gratis, unkündbar und sie läuft auf Lebenszeit.

Unsere Flatrate beinhaltet so ziemlich alles Erdenkliche, was ein Mensch braucht. Essens-, Kleidungs-, Wohnungs-, Transport- und Ausbildungskosten sowie sämtliche andere Ausgaben, die so anfallen, werden je nach Wunsch zu Teilen oder komplett übernommen. Eine gebührenfreie Steuer-, Versicherungs-, Anlage- und Lebensberatungshotline ist 365 Tage im Jahr rund um die Uhr für uns erreichbar. Und zu Geburts- und Festtagen gibt es noch eine Fülle an zusätzlichen, genau auf unser Kundenprofil abgestimmten Extraleistungen.

Aber all dieser Service ist erst der Anfang. Er ist eigentlich nur eine angenehme Nebensächlichkeit. Er ist nichts weiter als ein netter kleiner Bonus zum eigentlichen Kernpaket. Eigentlich gilt unsere Flatrate nämlich vor allem für etwas ganz anderes: für Gefühle.

Seit jeher ist sie unsere Garantie für Zuneigung. Für endlose Fürsorge und Unterstützung. Und für Liebe. Denn diejenigen, die damals, lange vor unserer Geburt irgendwann einmal miteinander den Vertrag für uns abgeschlossen haben und die ihn bis heute so zuverlässig erfüllen, sind keineswegs irgendwelche raffgierigen Dienstleister. Sondern unsere lieben, lieben Eltern.

*

Herr G. blättert in Annas Patientenfragebogen. »Vielleicht sprechen wir heute einmal über Ihre Familie?«, fragt er und schaut freundlich über seine Lesebrille zu ihr hinüber.

Anna nickt. Sie zuckt mit den Schultern. »Ich glaube allerdings, dass ich da eigentlich schon so ganz gut Bescheid weiß«, sagt sie.

Herr G. nimmt seine Brille ab. Er zieht eine Augenbraue hoch. »Was meinen Sie damit?«

»Naja«, sagt Anna höflich, »ich meine eben bereits zu wissen, was mein Problem ist. Nämlich, dass ich einen typischen Einzelkindschaden habe. Inklusive aller Vater- und Mutterkomplexe, die da so dazugehören.« Sie faltet abgeklärt die Hände in ihrem Schoß. »Aber das hab ich Ihnen ja alles auch schon aufgeschrieben.«

Herr G. nickt. »Ja, das habe ich gelesen.« Er legt Annas Fragebogen auf das Tischchen vor dem Fenster. »Aber meinen Sie, Sie könnten mir das auch mal vormachen?«

Jetzt zieht Anna eine Augenbraue hoch. »Wie bitte?«

Herr G. lächelt. »Einen Moment«, sagt er und verlässt den Raum.

★

Bastian sitzt im ICE. Am Freitagabend ist der Zug voller pickeliger Jungs vom Bund, die übers Wochenende nach Hause fahren. Bastian starrt auf die schweren matschigen Militärstiefel seines Gegenübers, der gerade eine Bierdose öffnet und auf seinen In-Ears so laut Techno hört, dass das ganze Abteil mithören kann. Vor ihm auf dem Mülleimer am Fenster steht eine halbgegessene Pappbox mit Pomdöner, aus der eine fettige Plastikgabel ragt.

Zum Glück gibt es euch bald nicht mehr, denkt Bastian angewidert, während er dem Wehrdienstleistenden einen langen und abfälligen Blick zuwirft. Er rutscht tiefer in seinen Sitz, zieht die Kapuze seines grauen Hoodies ins Gesicht und schlägt demonstrativ sein Buch mit dem in der Mitte der Seiten eingeklemmten

Textmarker auf. Vielleicht checkt der Typ ja, dass andere Leute die Zugfahrt zum Arbeiten nutzen wollen.

Er checkt es nicht. Durch die nicht enden wollende Durchsage des Schaffners fängt der Techno-Soldat jetzt auch noch an zu telefonieren. Bastian seufzt. Von draußen prasselt kalter Regen an die Scheiben. Sein Handy vibriert.

»Hast du an Mutters Blumen gedacht?«, schreibt Michi.

»Fuck«, murmelt Bastian. Er hatte vorhin kaum seinen Zug bekommen, weil er Bille noch beim Fahrradreparieren helfen musste. Aber Blume 2000 am Bahnhof hätte sowieso auch schon zu gehabt. »Nee«, schreibt Bastian zurück, »lass gleich welche pflücken, is eh romantischer.«

Umgehend klingelt sein Handy. »Alter, du hast *wirklich* keine Blumen besorgt?«, ruft Michi böse durch die schlechte Verbindung.

»Alter, seit wann nennst du mich Alter, Alter?«, motzt Bastian zurück. »Jetzt komm mal runter, ich pflück gleich welche, hab ich doch geschrieben.«

»Wir haben späten *Herbst*, Bastian! Da wachsen keine Blumen mehr, du Vollhorst«, meckert Michi.

»Ich find schon welche.« Bastian spricht lauter, als er eigentlich will, er muss den Typen gegenüber übertönen, der immer noch mit seinem Kumpel telefoniert und den gemeinsamen Partyabend plant. Bastian kickt mit dem Fuß seine Tasche zur Seite, die ihm im Weg liegt. Er geht auf den Gang.

»Mann, echt, da wird deine Mutter *sechzig*, und du schaffst es noch nicht mal, ein paar Blumen zu kaufen«, grunzt Michi ihm ins Ohr.

»Es ist ja wohl auch immer noch *deine* Mutter, oder?«, pöbelt Bastian zurück. Auf dem Gang ist es noch lauter als im Abteil. Die Waggontüren öffnen und schließen sich in dummer Automatik, das Geräusch der ratternden Gleise ist ohrenbetäubend und es zieht kalt. Aus der offen hin- und herschwingenden Klotür riecht es eklig nach Putzmittel.

»Immerhin komme ich überhaupt!«, verteidigt Bastian sich und versucht das Wackeln des Zuges auszubalancieren. »Und das obwohl ich eigentlich mitten in 'ner wichtigen Hausarbeit stecke. Ist das nichts, oder was?«

»Ach, vergiss es, Basti«, seufzt Michi durch die schlechte Verbindung, »Bis gleich. Ich hol dich ab. 19:27. Ich warte unten.«

Bastian legt auf, ohne zu antworten. Nicht nur die Camouflage-Jungs sind heute gen Heimat unterwegs, sondern auch er. Und wenn sein blöder Bruder nicht wäre, würde er sich sogar richtig darauf freuen.

★

Herr G. kehrt mit drei kleinen Kissen unterm Arm ins Zimmer zurück. »Ich sag Ihnen nur vorneweg schon mal«, hatte Bastian gleich am Anfang der allerersten Sitzung klargestellt, »ich werde keine verdammte Familienaufstellung mit Ihnen machen. Und auch keine Rollenspiele. Ich werde mich nicht von Ihnen hypnotisieren lassen, kein Traumtagebuch schreiben, keinem Pendel mit meinen Augen folgen, um herauszufinden, wann *genau* ich vom Wickeltisch gefallen bin, und auch keine Übungen veranstalten, in denen ich das Kind in mir umarme oder so 'n Scheiß. So was müssen Sie mit anderen machen.«

Bei Patienten wie Sebastian würde Herr G. es mit solchen Therapiepraktiken gar nicht erst versuchen. Aber Anna ist ein anderer Fall. Automatisch steht sie auf, als Herr G. den Raum betritt.

»So«, sagt er und reicht ihr ein Kissen. »Das sind Sie.« Er deutet auf die zwei anderen kleinen runden Polster. »Und das«, er drückt sie ihr in die Hand, »sind Ihre Mutter und Ihr Vater.«

Diesmal zieht Anna beide Augenbrauen gleichzeitig hoch. »Aha«, sagt sie und hält den kleinen Kissenstapel wie ein Tablett auf den Armen. »Na dann.«

★

Bei unseren Eltern können wir uns jederzeit verkriechen. Wann immer wir kriseln oder kränkeln, ist unser altes Zuhause bei ihnen der ultimative Fluchtpunkt vor uns selbst. Denn er bietet uns den Schutz einer sicheren Höhle, in der wir zuverlässig die Auszeit finden, die wir brauchen. Es gibt dort nämlich irgendwie keine Zeit. Oder sie scheint einfach stillzustehen.

Nahezu magnetisch zieht es uns deshalb regelmäßig, wenn wir dringend Ruhe benötigen – um nachzudenken, auszuschlafen, Abschlussarbeiten, Bewerbungen oder Trennungsbriefe zu Ende zu schreiben –, zurück in unsere alten Kinderzimmer. Dort sind wir abgeschottet von allen kleinen und großen Störfaktoren, die uns das Leben sonst so schwermachen. Wir sind stets willkommen, weshalb meistens, wenn wir aufkreuzen, das Bett schon präventiv für uns bezogen ist. Außer unseren Eltern rückt uns dort niemand auf die Pelle, wir können bleiben, so lange wir wollen, und kommen und gehen, wann und wie wir lustig sind. Es ist immer warm, der Kühlschrank immer voll und das Klopapier nie alle. Kurz: Es ist ein Ort, an dem wir uns um rein gar nichts kümmern müssen. Ein heilsames Außerhalb im Inneren unserer hektischen Leben.

Alles, was wir tun müssen, um zu ihm zu gelangen, ist, bei unserem eigenen Namen zu klingeln – und uns dem Fluss der Vertrautheit hinzugeben.

*

Michi steht schon am Bahnsteig. Er winkt. Bastian sieht sofort, dass sein Bruder sich längst wieder beruhigt hat. Wie alle anderen aus der Familie kann auch Michi nie länger als fünf Minuten auf Bastian böse sein.

Er umarmt Bastian flüchtig. »Komm, ich steh im Halteverbot.«

Während Michi aufzählt, wer gleich alles beim Sektempfang erwartet wird, fummelt Bastian am Radio herum. »Du kannst dir ja vielleicht gleich noch ein Hemd von mir anziehen und dann ein bisschen mit den Getränken helfen?«

Bastian nickt. »Geht's den Alten gut?«, fragt er.

»Ja«, sagt Michi und greift mit der rechten Hand auf die Rückbank, um den Blumenstrauß, auf den Bastian seine Tasche geschmissen hat, weiter in die Mitte zu schieben, damit er nicht verknickt. »Die freuen sich halt irre, dass du da bist.«

Bastian nickt. »Ich mich auch.«

*

Unser altes Zuhause bei unseren Eltern ist allerdings auch kein Hotel Mama. Zwar genießen wir dort meistens und ungefragt Vollpension inklusive All-You-Can-Eat-Option. Aber unsere Mütter und Väter sind alles andere als nur platte Bekümmerer für uns. Sie bedeuten uns viel, viel mehr als das.

Seit Jahren gehören sie zu unseren engsten Freunden. Oder zumindest zu den Menschen, die uns am besten kennen. Die darüber hinaus eben noch der kleine Spezialstatus mit uns verbindet, dass sie uns großgezogen haben.

Ob unsere Eltern dieses innige Verhältnis, das wir heute mit ihnen haben, von vornherein so geplant hatten, als sie uns bekamen, wissen wir nicht. Vermutlich wollten sie einfach nur alles richtig machen. Vermutlich wollten sie einfach, dass wir es leichter hätten als sie früher. Sie wollten uns einfach nur gute Eltern sein. Und dabei um keinen Preis die Fehler wiederholen, die ihre eigenen Eltern begangen haben. Sie wollten einfach nur, dass wir sie mochten. Und dass wir uns nicht von ihnen würden freikämpfen müssen, um unseren eigenen Weg zu gehen.

Das haben sie geschafft. Unsere Eltern sind weder spießig noch autoritär. Sie haben uns nie das Gefühl gegeben, etwas aus reiner Willkür oder Machtausübung zu verbieten, sondern uns immer alles pädagogisch wertvoll erklärt. Schon als kleine Menschen haben sie uns ziemlich ernst genommen und uns wie mündige Gegenüber behandelt. Und sie haben auch nie Hitler gewählt.

Mit unseren Eltern konnten wir bereits zu Oberstufenzeiten bei gutem Rotwein versacken. Sie waren es, die uns als Erste über Betäubungsmittelverstöße und Verhütung erzählt und bis zum bitteren Ende mit uns fürs Abi gelernt haben. Nach dem Zusammenbruch unserer ersten Liebe konnten sie uns glaubhaft machen, dass das Leben weiterginge. Wenn wir krank waren, sind sie immer vorbeigekommen oder haben uns Care-Pakete geschickt. Ihre waren die härtesten Nachtschichten beim Korrekturlesen unserer Magisterarbeiten. Und auch bei unseren allernervigsten Umzügen haben sie uns noch immer geholfen. Und dabei am Ende sogar ohne allzu viel Murren akzeptiert, dass wir ihre Keller und Dachböden mit unserem alten aussortierten Krempel zustellten.

Als Gegenleistung erwarteten unsere Eltern dafür von uns nichts. Höchstens vielleicht, dass wir uns frei entfalten und innerhalb der uns gegebenen Möglichkeiten versuchen sollten, glücklich zu werden. Sie, so gaben sie uns stets doppelt und dreifach zu verstehen, würden uns dabei selbstverständlich helfen, wo immer sie konnten.

Und es stimmt: Bis heute bilden unsere Eltern den treuesten Fanclub, den man sich vorstellen kann. Sie finden, dass sich das ganze Vorlesen und der Kauf naturtrüber Biosäfte, das Reisen- und Klavierstundenbezahlen gelohnt hat. Sie finden uns so richtig klasse.

Aber nicht nur sie sind Fans von uns geblieben. Sondern wir auch von ihnen. Denn abgesehen von familienspezifischen Konflikten, langwierigen Scheidungsabwickelungen, individuellen Charakterfehlern und Gestörtheiten, die nun mal jeder hat, finden wir unsere Mütter und Väter objektiv, also als Menschen, unglaublich in Ordnung. Sie lassen uns aber auch einfach keine Wahl, so unfassbar nett, hilfsbereit und liebenswert, wie sie sind.

Das soll auf keinen Fall heißen, dass wir automatisch alles gut finden, was sie tun. Und natürlich können sie manchmal auch tierisch anstrengend sein und uns furchtbar auf die Nerven gehen. Aber im Großen und Ganzen können wir eben gar nicht anders, als sie zu den Menschen zu zählen, zu denen wir wirklich aufschauen und die wir am meisten bewundern.

Anders als sie in unserem Alter fragen wir uns deshalb auch nicht »Was würden meine Eltern tun?«, um daraufhin das genaue Gegenteil zu tun. Wir fragen uns, was sie täten, um sie zu imitieren. Denn obwohl wir schon ziemlich früh gecheckt haben, dass Nachmachen irgendwie uncool ist, sind wir alle auf dem besten Weg, die Nachmacher unserer Eltern zu werden. Noch immer und immer mehr definieren wir unser Leben von dem aus, was wir von ihnen gelernt, von dem, was wir uns bei ihnen abgeguckt haben. Wenn wir sie nicht einfach gleich direkt anrufen. Um uns anzuhören, was sie meinen, was wir tun sollen, wie sie sich in unserer Lage verhalten oder welches Sofa sie an unserer Stelle kaufen würden.

Ja: Unsere Eltern sind unsere absoluten Vorbilder.

Und ja: Wir wollen genau so sein wie sie. Wir geben es ja zu.

★

»Ich mache Ihnen hier mal ein bisschen Platz«, sagt Herr G. und schiebt seinen Stuhl vors Bücherregal. Anna nickt. Etwas ratlos steht sie in der Mitte des Zimmers herum.

»Legen Sie sich doch bitte erst einmal selbst auf den Boden«, auf dem Teppich kniend entfriemelt Herr G. jetzt umständlich das Lampenkabel, das sich um ein Stuhlbein gewickelt hat. »Also, Ihr Kissen, meine ich. Legen Sie das bitte als Erstes auf den Boden. Und dann positionieren Sie zuerst das Vater-Kissen und dann das Mutter-Kissen so nah oder fern, wie Sie Ihre Beziehung zu diesen Personen empfinden.«

Anna nickt. Herr G. sieht es nicht. Er hängt noch immer unter seiner Lampe fest. Unschlüssig knetet Anna auf den Kissen in ihrer Hand herum. Herr G. wirkt auf einmal so überraschend dreidimensional. Kniend und krabbelnd und umherlaufend, überhaupt: sich bewegend, sieht er so anders aus, als wenn er Anna wie sonst einfach nur gegenübersitzt.

Anna lässt ihr erstes Kissen einfach dort fallen, wo sie gerade steht. Gedankenverloren zupft sie an dem zweiten in ihrer Hand herum. Sie muss an Wolfgang denken. Sie fragt sich, was für einen Spruch er wohl jetzt wieder aus seinem Kopf kramen würde, wenn er wüsste, dass er sich genau in diesem Moment in ein Vater-Kissen verwandelt hätte. Was auch immer er dazu sagen würde, es wäre sicher derartig ironisch und vernichtend, dass sie sofort loslachen müsste. Denn egal, wie Anna drauf ist, ihr Vater schafft es jedes Mal, dass seine Tochter wieder lächelt. Und sich die Dinge, wenn alles blöd ist, für sie auf einmal doch wieder ein kleines bisschen leichter anfühlen.

So wie gestern zum Beispiel.

Anna beugt sich zum Boden hinunter. Sie legt das Vater-Kissen direkt hinter ihr eigenes.

*

Eigentlich hatte Anna ihren Eltern gestern absagen wollen. Es war ein furchtbar anstrengender Tag in der Agentur gewesen, Anna hatte seit vier Tagen kaum oder nur schlecht geschlafen, sie hatte deshalb schon morgens Kopfschmerzen bekommen, die Paracetamol hatten nicht wirken wollen, ihr Nacken wurde von Stunde zu Stunde verspannter, und ihre Augen taten vom Starren auf den Computer weh.

Ihre Chefin hatte die letzte Präsentation, für die Anna mitverantwortlich war, am Morgen kritisiert. Zwar nicht wegen Anna, aber sie hing mit drin. Anna hatte deshalb die Mittagspause gestrichen und beschlossen, ihre gefühlten Minuspunkte damit zu kompensieren, die kurz vor Feierabend noch überraschend hereingeflatterte Arbeit von einem neuen Kunden so weit fertig zu machen, dass sie noch vor zehn Uhr abgeschickt werden konnte.

»Cia-ao«, hatte ihre Chefin Anna vom Flur in die Teeküche zugeflötet, als sie in den Feierabend verschwunden war. Während sie auf die vor sich hingurgelnde Espressomaschine gewartet hatte, hatte Anna am Datum auf dem Wochenplan gesehen, dass sie heute auf den Tag genau ein Jahr mit Felix zusammen gewesen wäre. Ihr war schwummerig geworden. Sie hatte ihren Espresso in die Spüle gekippt und sich zurück zum Schreibtisch geschleppt. Sie würde das Treffen mit ihren Eltern eindeutig canceln müssen.

»Wenn du magst, können wir nach dem Kino noch einen Schluck bei uns trinken? Freuen uns! ☺ Kuss, Mama«, schrieb Ulrike gerade in dem Moment, in dem Anna zum Hörer greifen wollte. Anna dachte an die Dreiviertelstunde, die sie mit der Bahn an den Stadtrand brauchen würde, bis zum Haus ihrer Kindheit, in dem ihre Eltern immer noch wohnten.

Geistesabwesend kratzte sie mit dem Nagel ihres Zeigefingers den Dreck aus den Zwischenräumen ihrer Tastatur. Sie schaute auf die Uhr. Wenn sie sich jetzt noch eine Stunde reinhängen und die Bahnfahrt über arbeiten würde, wäre das Kino mit ihren Eltern vielleicht ja doch noch drin. »Freu mich auch, ihr zwei, bis gleich«, schrieb sie zurück und durchkramte die Schublade der Praktikantin nach einer Aspirin. Ihr Kopf zersprang.

Wolfgang und Ulrike hatten schon vor dem Kino gewartet. Annas Mutter winkte schon von weitem. »Huhu, hier!«, hörte Anna sie rufen. Sie winkte zurück. Ganz plötzlich spürte sie einen Kloß im Hals. Sie schluckte. Doch je näher sie ihren Eltern kam, desto größer wurde er.

»Na?«, lächelte Wolfgang, als Anna die beiden erreicht hatte. Die Crumpler-Tasche, die Anna ihm zu Weihnachten geschenkt hatte und die er seitdem zu jeder Vorlesung an der Uni mitnahm, baumelte lässig über seiner Schulter. Wolfgang ließ sie fallen, um seine Tochter zu begrüßen. »Hallo, Linchen.«

»Hey«, sagte Anna matt und umarmte beide ihrer Eltern gleichzeitig.

Irgendwann in der Zeit nach der Grundschule, ungefähr dann, als Anna angefangen hatte, ihre Eltern Mama und Papa zu nennen statt nach ihren Vornamen, wie es ihr aus irgendwelchen antiautoritären Gründen die ersten Jahre ihrer Kindheit antrainiert worden war, hatte Annas Vater damit begonnen, Anna, inspiriert von dem Buch über die Kinder aus der Krachmacherstraße, das er ihr früher vorgelesen hatte, Krachelinchen zu nennen.

Anna löste sich aus der Umarmung. »Wir haben jetzt noch keine Karten geholt, weil wir nicht wussten, welchen Film du lieber sehen möchtest«, erklärte Ulrike. Sie strahlte Anna an. Ihr neuer Lippenstift stand ihr blendend. Durch den Wind roch Anna ihr vertrautes Parfum.

Anna zuckte mit den Achseln. »Weiß auch nicht«, sagte sie. Plötzlich war sie todmüde. Am liebsten wäre sie einfach in Ulrikes Arm geblieben.

»Du siehst ja ganz blass aus, Mäuschen, stimmt etwas nicht?«, fragte Ulrike. Ihr Gesicht verzog sich sorgenvoll. »Ist alles in Ordnung?«

»Ulla, jetzt lass das Linchen doch erst mal ankommen«, unterbrach Wolfgang seine Frau.

Anna schaute von ihrem Vater zu ihrer Mutter und zurück. Beide blickten sie besorgt mit großen Augen an. Ihr Hals schnürte sich zu. Ohne dass sie es hätte kontrollieren können, rollten ihr die Tränen über die Wangen.

»Oje, Süße, jetzt komm mal her.« Ulrike nahm Anna fest in den Arm. »Was ist denn bloß los?«, murmelte sie mit vor Sorge getränkter Stimme in Annas Haare.

»Komm, wir setzen uns jetzt erst mal hier auf die Bank«, sagte Wolfgang leise, er zog Ulrike am Mantel und reichte Anna ein Taschentuch. Zu dritt setzten sie sich auf die Parkbank vor den Bäumen neben dem Kino. Die Dunkelheit machte sie angenehm unsichtbar vor den Menschen in der sich langsam formierenden Warteschlange.

»Ist es was Bestimmtes? Was ist denn bloß, Linchen?«, fragte Ulrike noch einmal und begann, Anna über die Haare zu streicheln. Wolfgang saß auf der anderen Seite und schwieg.

»Nein, Mama«, sagte Anna schwach und tupfte sich die Tränen aus den Augen. Aber es kamen immer neue nach. »Weißt du, ich hab einfach kaum geschlafen ...« Ihre Stimme brach erneut, sie japste nach Luft.

»Aber wieso denn nicht?«, unterbrach Ulrike sie in hektischer Beunruhigung.

Anna sah ihre Mutter ungläubig an. »*Wieso* ich nicht schlafen kann?«, sie schüttelte voller Unverständnis den Kopf, »Mama, weil ich einfach *keine* ruhige Minute habe! Und das nicht nur heute, sondern *seit Wochen*, ja?! *Deshalb*, okay?! Verstehst du das?!«, wütend putzte sie sich ihre Nase. Wortlos reichte Wolfgang ihr ein neues Taschentuch. »Und außerdem dröhnt mein Kopf, weil ich heute nicht genug getrunken hab«, murmelte Anna patzig.

»Aber das geht so nicht!«, Ulrike sprang von der Bank auf. »Das geht ja so nicht weiter, Anna!«, rief sie aufgebracht, sie schlug sich mit der Hand an die Stirn. »Du musst doch was trinken! Die müssen dich doch wohl trinken lassen da in deiner Firma! Das können die dir ja wohl nicht auch noch verbieten, oder?! So viel Zeit muss ja wohl drin sein!« Ihr Atem schwebte durch die kalte Luft wie der Rauch mehrerer Zigaretten auf einmal. »Oder etwa nicht?!«

»Ach, Ulllllaaaa«, unterbrach Wolfgang Annas Mutter mild.

»Ja, ist doch wahr!«, fuhr Ulrike ihn an. »Sie kann sich doch nicht immer so überarbeiten da! Das bringt doch niemandem was! Woher hast du das nur, Anna? Diesen irren Wahn, dich so zu verausgaben, bis du umkippst!?« Ihre Stimme klang jetzt eher verzweifelt als wütend.

Anna schwieg.

Ulrike setzte sich wieder neben sie auf die Bank. »Das ist es doch nicht wert, Süße!«, sagte sie ruhiger. »Was kann man da denn ändern? Hm?«, sie fing wieder an, Annas Kopf zu streicheln. »Das muss man doch irgendwie hinkriegen? Hm? Da muss man doch mal umdenken ... Und Konsequenzen ziehen. Du musst dir einfach regelmäßig einen Ausgleich schaffen, Mäuschen, sonst machst du dich ja kaputt ... Und als Erstes musst du dich vor allem einfach mal *ausschlafen*.«

Anna schüttelte die Hand von ihrem Kopf. »Mama, ich *kann* mich aber grad einfach nicht ausschlafen!«, herrschte sie Ulrike an. »Das ist *unmöglich*! Kapier das doch endlich mal! Denkst du, auf die Idee wär ich sonst nicht selbst schon mal gekommen, oder was?! Das ist einfach so ein *Druck* bei uns, den kannst du dir gar nicht vorstellen!«

Eine auf dem Fahrrad vorbeirollende Passantin drehte sich zur Bank um. Anna senkte ihre Stimme. »Weißt du, und ich erwarte das ja auch gar nicht von dir«, zischte sie ihre Mutter böse an. »Ich erwarte ja überhaupt nicht, dass du dich in mich hineinversetzen kannst. Und ich bin jetzt auch ehrlich gesagt nicht hergekommen, um mit dir Optimierungsmaßnahmen für mein Leben zu erarbeiten. Sag mir doch einfach nur, dass alles gut wird, das reicht mir dann schon vollkommen.« Ärgerlich bemerkte Anna, dass ihre Augen wieder überfluteten, sie fuhr sich grob mit dem Handrücken über die Wangen. »Und *nein*, keine Sorge, du hast nichts falsch gemacht«, fügte sie schluchzend hinzu, »gar nichts! Ich bin völlig in Ordnung. Ich bin ansonsten *vollkommen normal*. Es ist einfach nur mega-stressig im Büro grad. Nicht mehr und nicht weniger. Verstanden?!«

Ulrike reagierte nicht. Sie war verstummt. Wolfgang schaute auf seine Schuhe. Anna schniefte. Am liebsten hätte sie sich in Luft aufgelöst.

»Wollen wir vielleicht das Kino sonst einfach ins Wasser fallen lassen und lieber gleich ein Glas Wein bei uns trinken?«, fragte Wolfgang nach einer Weile in die Stille hinein.

Anna nickte.

»Na, dann komm, Linchen«, sagte ihr Vater sanft. Entschlossen stand er auf und reichte Anna die eine und Ulrike die andere Hand. »Kommt, wir gehen nach Hause.«

Zusammen standen Anna und Ulrike auf. Anna hakte sich rechts und links bei ihren Eltern ein. Sie ließen die Bank und das Kino hinter sich. Es kamen keine Tränen mehr.

★

»Ich hab halt immer das Gefühl, ich krieg die *Balance* nicht hin«, versucht Bastian Herrn G. zu erklären, seine Hände fuchteln in der Luft herum, als würde er jonglieren. »Ich denk halt die ganze Zeit immer, dass ich eigentlich total eng mit denen sein will – und dann, sobald ich bei ihnen bin, irgendwie wieder das Gegenteil. Macht das eigentlich grad irgendeinen Sinn, was ich sage?«

Herr G. nickt. »Klar«, sagt er. »Würden Sie sagen, Sie haben Angst, Ihre Eltern zu enttäuschen?«

Bastian schüttelt den Kopf. »Nee. Das isses nicht ... Das ginge auch irgendwie gar nicht.« Er zuckt mit den Schultern.

»Sie meinen, Sie *könnten* sie gar nicht enttäuschen?«

»Nee«, Bastian schüttelt wieder den Kopf, »weil die einem ja immer das Gefühl geben, dass alles schon so okay ist, wie es ist. Dass ich schon okay so bin, wie ich bin. Die einzige Enttäuschung wäre für sie vielleicht, wenn ich drogensüchtig werden würde oder so. Oder krass kriminell.«

»Okay. Verstehe«, Herr G. notiert sich etwas. Er nickt beim Schreiben. Sein Stift kritzelt irgendeinen ellenlangen Satz vor sich hin. Bastian reckt seinen Kopf, vergeblich versucht er etwas zu entziffern. »Verstehe«, wiederholt Herr G. und klappt demonstrativ das Notizbuch zu.

★

Für unsere Eltern sind und bleiben wir die wertvollsten Menschen der Welt. Auch wenn sie mittlerweile manchmal so tun, als hätten sie sich von uns emanzipiert und würden jetzt, da wir so etwas Ähnliches wie erwachsen sind, nur noch ihr eigenes Leben in den Vordergrund stellen, anstatt es um uns zu zentrieren: Insgeheim – das wissen sie und das wissen wir – sind wir immer noch der Mittelpunkt ihrer Leben.

Für uns würden sie immer noch alles jederzeit stehen und liegen lassen. Wenn es drauf ankäme, würden sie für uns sofort all ihre Pläne absagen, sie würden ihr letztes Hemd verkaufen, sich selbst vergessen und uns, ohne auch nur einen Moment daran zu zweifeln, alles, was sie an Zeit, Nerven und Energien zu geben hätten, opfern.

Und uns geht es, wenn wir ehrlich sind, nicht ganz anders. Auch wir tun mittlerweile natürlich so, als hätten wir uns von ihnen emanzipiert. Als würden wir jetzt, da wir so etwas Ähnliches wie erwachsen sind, nur noch an unser eigenes Leben denken, anstatt es immer wieder zu ihnen zurückzuleiten. Wir tun so, als wären wir nicht abhängig von ihnen. Als könnten wir problemlos auch ohne ihre Stützräder fahren. Als hätten wir sie eigentlich schon längst abmontieren und den Weg genauso gut auch alleine finden können. Dabei – das wissen sie und das wissen wir – sind unsere Eltern eigentlich immer noch unser einzig wirklicher, geheimer Kompass.

Dass die Distanz zwischen uns und ihnen mit der Zeit also irgendwann von selber einmal größer werden wird, ist deshalb nicht abzusehen. Im Gegenteil. Denn seit unsere Eltern, die einstige Generation Doppelklick, sich auch noch kommunikativ gemacht hat – wir wollen ja auch nicht unfair sein: das hat sie wirklich! –, sind sie uns nur noch näher gerückt. Dadurch, dass unsere Mütter und Väter irgendwann verstanden haben, dass meistens schon ein einmaliges Klicken genügt, um ans Ziel zu gelangen und unsere e-Mails zu öffnen oder Skype zu installieren, seit sie gelernt haben, wie man ein Handy an- und ausschaltet, wie man unsere Nummern im Telefonbuch speichert, diese anruft oder unseren Anruf entgegennimmt und wie man eine SMS schreibt und empfängt, hören wir sie noch mehr als vorher. Fröhlich simsen wir ihnen, und sie simsen uns – inzwischen sogar beachtlich schnell und stilistisch manchmal geradezu überraschend gehaltvoll – zurück. Einige von ihnen sollen jetzt sogar schon eine Webcam bedienen können. Womit es nicht einmal mehr gänzlich ausgeschlossen zu sein scheint, dass sie uns nicht eines Tages auch noch um Hilfe bei der Einrichtung eines Facebook-Accounts bitten werden.

Kurzum: Unser Nähe-Distanz-Problem hat sich in letzter Zeit eigentlich sogar noch verstärkt. Von selbst wird es sich zumindest nicht lösen.

Aber das wollen wir ja auch gar nicht. Denn eigentlich empfinden wir es ja noch nicht einmal wirklich wie ein Problem. Schließlich mögen sich alle. Und die Ansicht, dass eine klassische Abnabelung voneinander für alle Beteiligten nicht nur strategisch, sondern auch emotional ein komplettes Eigentor wäre, beruht ganz offensichtlich auf Gegenseitigkeit.

Ein Problem wird das Ganze deshalb auch nur ganz selten einmal. Nämlich dann, wenn zwischendurch, unvorhersehbar, plötzlich, wie aus heiterem Himmel, unser Angstmacher Nummer vier auf die Bühne tritt. Und uns, eiskalt, die Sorge den Rücken hinunterjagt. Aber darüber wollen wir jetzt eigentlich gar nicht so gerne sprechen. Wir können nämlich von Glück reden, dass es nur ganz selten passiert. Und daran soll sich auch bitte nichts ändern.

*

Auch das zweite Kissen legt Anna direkt hinter sich. Schön symmetrisch parkt sie Ulla auf ihrer anderen Seite, gleich neben dem Vater-Kissen. »Fertig«, sagt sie zu Herrn G. Anna findet, dass er selbst schuld ist, wenn er so eine voraussehbare Übung mit ihr macht. Denn wo sollten ihre Eltern wohl sonst stehen als direkt in ihrem Rücken?

»Stellen Sie sich mal auf Ihr Kissen«, fordert Herr G. sie auf.

Anna zieht sich ihre Stiefel aus. Sie lehnt sie an die Zimmertür. Vorsichtig tritt sie auf das Anna-Kissen. Der Stoff ist weich. Sie steht wie auf Watte. Es fühlt sich gut an.

»Wie fühlen Sie sich?«, fragt Herr G.

»Gut«, lächelt Anna.

Aus dem Augenwinkel sieht sie, wie nun auch Herr G. seine Schuhe auszieht. Mit einem Fuß schiebt er den anderen aus seinen pantoffelartigen Schlappen. Seine Strümpfe sehen aus wie selbstgestrickt.

»… *noch* zumindest«, murmelt Anna.

★

»Danke, dass du das hier machst, mein Schatz«, Gisela wuschelt Bastian über den Kopf und nimmt ein Sektglas vom Tablett auf der Ablage über dem Geschirrspüler. »Hattest du eine gute Fahrt?«

Bastian nickt. Kaum zur Tür hineingekommen, hatte Michi ihn in die Küche geschoben und dort zum Befüllen der Sektgläser für die Gäste rekrutiert. Im Minutentakt hört Bastian, wie sich im Flur die Türklingel und die Stimme seines Bruders, der dort den Empfang managt, abwechseln.

»Hast du Hunger?«, fragt Gisela. Sie lehnt in der Küchentür und zupft kleine Fussel von ihrem bordeauxroten Wollkleid. »Da sind so kleine Häppchen auf den Platten im Wohnzimmer. Oder noch ein ganzer Pott Ratatouille auf dem Herd. Oder sonst natürlich alles im Kühlschrank. Nimm dir alles, was da ist, ja?«

Bastian geht in die Knie, um zu vergleichen, ob in jedem Glas gleich viel ist. »Nee«, sagt er, »danke, schon gut.«

Seine Mutter bleibt in der Tür stehen und beobachtet ihn. Bastian lächelt schräg von unten zu ihr hinüber. Sie lächelt zurück. »Es ist gut, dich zu sehen«, sagt Gisela. Ihre Stimme klingt plötzlich brüchig. Sie streckt ihre zierliche Hand zu Bastian aus. Bastian drückt sie. »Du musst dich jetzt mal langsam um deine Gäste kümmern, meinst du nicht?«, sagt er. Gisela nickt und wuschelt ihm noch einmal über den Kopf.

Mit einem großen Knall schießt Bastian einen Korken an die Decke. »Ah, da ist ja mein Sohn«, Bastians Vater biegt um die Ecke zur Küche. »Immer da, wo's knallt, ne? Höhö«, lacht er und klopft Bastian leicht auf die Schulter. »Weißt du«, sagt er und bückt sich, um den Sektkorken aufzuheben, »jetzt sind wir steinalt. Du hast nun richtige *Fossilieneltern*. Zusammen sind wir jetzt nämlich ...«, er hebt den Zeigefinger, »*hundertzwanzig* Jahre alt. Was sagst du dazu?« Reinhard schmunzelt in seinen Bart. Er legt den Arm um seine Frau. »Dein Bruder und Steiners sind übrigens gerade eingetroffen. Die haben irgendein riesiges Geschenk für dich draußen.«

»Oje«, sagt Bastians Mutter, sie rollt mit den Augen und nimmt sich noch ein Glas vom Tablett. »Na dann schau ich mal nach.«

Bastian lässt eine zweite Flasche knallen. Der Kellnerjob bringt ihm Spaß. Wieder hebt sein Vater den Korken auf. Er dreht ihn in seiner Hand hin und her. »Geht's dir denn gut, Bastian?«, fragt er seinen Sohn. »Fühlst du dich in der Wohnung noch wohl?«

Bastian nickt. »Alles gut, ja«. Er geht wieder in die Knie zum Sektvergleich.

»Wenn du mehr Geld brauchst, meldest du dich bei uns, ja?«, sagt Reinhard vorsichtig.

Bastian nickt. »Nee, nee, das passt.« Ein Glas schäumt über. »Scheiße«, knurrt er.

»Ist doch nicht schlimm«, sagt Reinhard schnell. »Ich hol dir einen Lappen«, er bückt sich langsam zur Schublade hinunter. Auf seiner Glatze spiegelt sich das Küchenlicht.

»Nee«, sagt Bastian gereizt, »lass, Vadder, nicht mit deinem Rücken! Ich mach das, ich regel das. Geh du mal wieder zu Michi an die Tür. Ich krieg das hier alleine hin.« Er schiebt seinen Vater aus der Küche zur Tür und beginnt unter der Spüle nach einem Wischtuch zu suchen.

Plötzlich donnert von draußen Musik ins Haus. Bastian tritt ans Fenster. Auf dem Beifahrersitz seines Wagens in der Einfahrt kniend und von da aus ungeschickt durch die offene Autotür mit Konfetti um sich werfend, beschallt sein Onkel in ohrenbetäubender Lautstärke die ganze Nachbarschaft mit den Beatles.

»*Alter* Schwede«, flüstert Bastian und lehnt sich weiter aus dem Fenster, um das ganze Gartenszenario in den Blick zu kriegen.

»Du wirst zwar noch nicht sixty-*four*«, brüllt Elisabeth, die neue Frau von Bastians Onkel von der Wiese vor der Terrasse aus. Im Takt der Musik wippend versucht sie, halb verdeckt hinter einem riesigen, mit Bettlaken behangenen Etwas, eine Wunderkerze anzuzünden. »Aber das Lied passte einfach *so gut* zum Geschenk für dich und Reinhard ... tadaa!«, schreit sie, als die Funken endlich sprühen, und zieht das Tuch von dem verhüllten Geschenk. »Ach neeeee!«, kreischt Bastians Mutter von der Terrasse aus durch den Garten und schlägt die Hände zusammen. »Ach nee, eine *Hollywoodschaukel*! Sach' mal, ihr *spinnt* ja aber auch!«

Übermütig kichernd zieht sie Bastians Vater zur Wiese. »Die wünsch ich mir doch schon, seit ich ein Kind bin, Reinhard! Guck mal! Wie furchtbar kitschig! Wie wunderbar spießig! Schau mal, *großartig*, oder?« Reinhard stolpert über die nasse Wiese hinter seiner Frau her. »Höhö«, lacht er schüchtern.

»Tsss«, Bastian lächelt leise in den nachtdunklen Novemberabend. Seine Fossilieneltern schaukeln jetzt. Sie sehen unfassbar süß aus, findet er, wie sie da zu zweit ihre Füße in die Luft heben. »Die Silver-Ager, ey.« Er schüttelt den Kopf, schließt das Fenster und ext ein Sektglas.

★

Wenn wir ehrlich sind, wissen wir es schon seit einer Weile: Eltern sind auch keine Lösung. Egal, wie schön und lustig und behütet die Treffen mit ihnen sind – wir können uns dabei in letzter Zeit nicht mehr ganz so tief fallenlassen wie früher.

Denn irgendetwas zwischen uns und unseren Eltern hat sich im Laufe der Jahre ein bisschen verändert. Irgendetwas in unserer Beziehung ist trotz oder vermutlich sogar wegen der gleichbleibenden Nähe ein bisschen gekippt. Auf den ersten Blick fällt das gar nicht mal so sehr auf: Außer, dass irgendwann einmal das Kindergeld ausgelaufen ist, einige von uns es seitdem tatsächlich geschafft haben, den Dauerauftrag vom Konto ihrer Eltern zu stoppen und ein paar Versicherungen auf sich umschreiben zu lassen, ist alles wie zuvor. Wie immer kriechen wir, wenn uns alles um uns herum zu viel wird oder wir einfach nur Lust darauf haben, in ihre Höhlen zurück. Und wie immer, eigentlich sogar mehr als je zuvor, telefonieren, reisen und kochen wir zusammen mit unseren Eltern, wie man das mit alten Freunden eben so macht.

Es ist nichts Äußerliches, das jetzt anders ist. Was sich verändert hat, ist das Sorgeverhältnis zwischen uns. Es ist jetzt nicht mehr einseitig. Sondern ausgeglichen. Mittlerweile sorgen sich nämlich nicht mehr nur unsere Eltern um unsere Rückenschmerzen. Sondern wir uns auch um ihre. Nicht nur sie machen sich Gedanken darum, ob wir klarkommen, ob es uns gutgeht, ob wir bedrückt sind, wie unsere Beziehung läuft, wie es mit unseren Schlaf- oder Selbstbewusstseinsproblemen steht, wie es unseren Freunden geht oder welche Dinge uns sonst noch so beschäftigen. Sondern auch andersherum. Es sind nicht mehr nur unsere Eltern, die den Gedanken daran kaum ertragen können, dass wir manchmal durchhängen oder traurig sind und uns einsam fühlen. Sondern auch andersherum. Denn nicht mehr nur sie fühlen sich für uns verantwortlich und fragen sich, wie sie uns schützen, aufmuntern oder uns davon, dass die Welt doch ein heiler, schöner Ort ist, überzeugen können. Sondern auch andersherum.

Dass das alles so geworden ist, liegt – richtig – an niemand anderem als an unserem Angstmacher Nummer vier. Aber über den wollen wir ja nicht reden. Und zwar wirklich nicht. Wir wollen weder über ihn sprechen noch über ihn nachdenken. Wir wollen eigentlich echt nur eins: ihn verdrängen.

Dafür, dass wir sonst so denkversessen sind, gelingt uns das sogar erstaunlich gut.

*

»Also«, setzt Annas Vater an. »Die Kollegin von der Ulla«, er beugt sich langsam über den Wohnzimmertisch zu Anna hinüber, »ich habe die ja jetzt endlich auch mal getroffen.« Wolfgang gibt seiner gesenkten Stimme einen konspirativen Unterton, als könnte ihn jemand beim Lästern erwischen. »Weißte, Linchen, und das is' so 'ne totale Dinkelfrau. So 'ne Tofufrau! Weißt du, so 'ne grauslich genussfeindliche, die nur Körner isst.« Er stößt Anna leicht mit seinem Ellenbogen an. »Na, und *die*, die geht jetzt also immer Nordic Walken«, er hebt den Zeigefinger. »Jeden Morgen kommt die hier entlanggelaufen, Punkt Viertel nach sieben. Mit so Skistöcken. Kannst du dir das vorstellen? Wie das aussieht, Linchen?«, er rudert mit den Armen durch die Luft. »*So* geht die. Ganz stramm. Und nickt nur ganz kurz und ganz korrekt, wenn man mit dem Fahrrad an ihr vorbeidüst. So *verbissen* guckt die, weißt du?«, er kneift böse seine Augen zusammen.

Anna lacht.

Ihre Mutter versucht es zu unterdrücken. »Ach, lass sie doch, Wolfgang! Das ist ja eigentlich wirklich gesund, was die macht! Würde dir sicher auch guttun. Ist gut für die Gelenke.«

»Ja, aber das ist doch *demütigend*, Ulla! Mit diesen Stöcken!«, Wolfgang reißt beide Hände über seinen Kopf. »Wir sind doch nicht im Harz hier! Oder irgendwo in einer *Seniorenresidenz* in Florida! Das ist doch *entwürdigend*! Und wie die da so uniformiert in Paarkluft mit diesen Regenjacken, diesen *geschlechtslosen* Rentnerjacken durch den Hundepark marschieren! Immer einer neben dem anderen! Das ist ja auch so eine spießige Normierung, weißt du? Das ist eine ... eine *sektuöse Struktur* ist das!« Wolfgang reißt gespielt aufgeregt seine Augen auf und fuchtelt mit seinen Händen durch die Luft. »Das sind Wellness-Faschisten sind das! Nichts anderes! Die sind *gefährlich*, Ulla!«

Ulrike schmunzelt. Sie zieht ihre dunkelblaue Marc-O'Polo-Kaschmirjacke enger um sich, draußen hagelt es. »Möchtest du noch einen Schluck Wein, Krachelinchen? Du bist immer noch ganz blass«, fragt Wolfgang mit normaler Stimme und gießt Anna, ohne eine Antwort abzuwarten, nach.

»Wolfgang, dreh doch bitte mal die Heizung hoch«, sagt Ulrike. »Wie geht's eigentlich Marie?«, fragt sie Anna.

Anna bricht sich ein großes Stück von der Tafel dunkler Schokolade mit Mandel- und Orangensplittern ab. »Die ist gestresst«, sagt sie mit vollem Mund und zuckt mit den Schultern. »Ich hab nur heute Morgen kurz mit ihr gesprochen. Sie grüßt euch natürlich.«

»Hat die jetzt eigentlich auch mal einen Freund?«

»Nein, Mama, hat sie *nicht*. Das hätt' ich doch längst erzählt!«

»Ja, ich dachte ja nur, du hattest da ja mal einen aus ihrer Firma erwähnt.«

»Ach so, der Layouter? Das war ein Totalausfall.«

»Haha, ein Totalausfall«, lacht Wolfgang, der an der Stereoanlage herumfummelt, die er mit Anna letzte Woche an seinen Computer angestöpselt hat.

»Bring Marie doch mal wieder mit«, sagt Ulrike aufmunternd. »Dann mach ich noch mal dieses Kokos-Koriander-Limetten-Huhn. Das mochte die letztes Mal so gerne. Oder diesen Pangasius mit Fenchel, der hat ihr doch auch so gut geschmeckt, weißt du noch?«

Anna nickt.

»Ulla, wie geht das blöde Teil hier aus?«, ruft Wolfgang. »Der spielt ja immer dasselbe Lied, seit Tagen schon. Linchen, der spielt immer nur das erste, ich versteh das nicht.«

Viel zu laut fängt Paolo Conte an zu singen. Hektisch dreht Wolfgang den Volume-Regler nach unten.

»Du musst das Repeat rausnehmen, Papa«, sagt Anna beiläufig, »Steuerung, Wiederholen, Wiederholung Eins und da dann auf Aus gehen. Oben, in der Menüleiste bei iTunes.« Sie bricht sich noch ein Stück Schokolade ab.

»Helga will ja jetzt den Jakobsweg laufen«, sagt Ulla zu Anna und spießt mit dem Käsemesser ein großes Stück Ziegengouda auf. »Der ist lecker, musst du auch mal probieren, Mäuschen. Den kauf ich jetzt immer bei Edeka, der ist richtig gut. Auf den kleinen Italiener hier fall ich nämlich nicht mehr rein, das ist Nepp.«

»Jawoll, Nepp!«, ruft Wolfgang durch »Azzuro« hindurch. »Jetzt spielt er wieder andere Lieder, ich glaube, ich habe das Knöpfchen gefunden!«

»Also Helga«, setzt Ulla erneut an, »will nun also auch diesen Jakobsweg pilgern.« Sie schiebt sich eine Locke hinters Ohr. Anna lächelt. Seit Ulrike ihre Haare färbt und dreimal die Woche zum Power-Yoga geht, sieht sie besser aus als je zuvor. Sie ist fitter als je zuvor. Während alle anderen in ihrer Yogagruppe den »Delphin« turnen, hat sie Anna letzte Woche stolz berichtet, steht sie problemlos minutenlang auf dem Kopf im »Skorpion«. Anna schafft weder die eine noch die andere Übung.

Und auch sonst ist Ulrike fitter als Anna. Sie hat weniger tiefe Augenringe, keine Blasenentzündungen, keine Asthma- und keine Migräneanfälle. Und sie achtet auch besser darauf, dass sie immer genug trinkt.

Anna spült die Schokolade mit einen großen Schluck Wein hinunter. Sie pult an der Plastikverpackung eines Buches, das neben den Zeitungen auf dem Tisch liegt. »Hast du schon wieder was publiziert, Papa?«

Wolfgang setzt sich zurück an den Tisch. Er winkt ab. »Ach das. Naja, die Pappnasen von der Forschungsgemeinschaft brauchen immer irgendwelche Sammelbände, die sie sich dann ins Regal stellen können, weißt du ja.« Er bindet sich seinen Schlips ab und schmeißt ihn auf einen Stapel Zeitungen. »Ist alles Quatsch, ist für die Schublade, interessiert kein Schwein. Ich geb' denen meinen Namen, schreib 'n schönes Vorwort und dann kann's in den Papiermüll.«

»Weißt du, Anna«, lächelt Ulrike liebevoll ironisch und streicht Wolfgang über die Schulter, »dein Vater nimmt jetzt nämlich nicht mehr alles so wichtig.«

»Quatsch!«, ruft Wolfgang triumphierend. »Dein Vater hat diese Leute *nie* wichtig genommen«, lacht er.

»Na gut. Also jetzt dann also eben gar nicht mehr«, lächelt Ulrike noch triumphierender. »Dafür ist die Zeit nämlich viel zu kostbar. Wir wollen unsere Energie schließlich noch in ganz andere Sachen stecken. Wir haben nämlich noch *ganz* viel vor!«, verkündet sie und hebt ihr Rotweinglas.

*

Bastian beendet seine Kellnertour am Stehtisch im Flur.

»Und, was macht mein Neffe so?«, fragt Gerd, als Bastian ihm Prosecco nachschenkt.

»Ja, *das* wüsstest du gerne, ne?«, grinst Bastian und stellt sich neben seinen Onkel.

»Hihi«, kichert Gerds Frau Elisabeth beschwipst. Bastian wirft ihr einen abfälligen Blick zu. Dass sich sein Onkel vor zwei Jahren von seiner ersten Frau hat scheiden lassen, fand Bastian zwar genau richtig, so mies wie die Stimmung zwischen den beiden immer war. Und er hatte sich auch wirklich für Gerd gefreut, als der nur einige Wochen nach seiner gescheiterten Ehe verkündet hatte, erneut heiraten zu wollen. Aber so sehr Bastian sich bemühte, so ganz sein Fall war seine neue Stieftante nun wirklich nicht.

»Bevor ich's vergesse«, sagt Gerd, »Lisa und ich haben dir was ausgeschnitten, letztens, Bastian«, sein Onkel fasst seine Frau am Arm. »Lisa, oder? Der Artikel in der FAZ letztens, das war doch was für Bastians Thema?«

»Nee«, sagt Elisabeth. »War da nicht auch mal was auf'm Deutschlandfunk zu?«

»Also da in dem Artikel ging es jedenfalls um die Systemtheorie«, berichtet Gerd, »und ob das heute noch anwendbar ist oder so. Das war ganz spannend, so über Luhmann ...«

Lisa nickt, »Ah ja, genau, *Luhmann*.«

»Ich schreib die Hausarbeit aber gar nicht mehr über den«, unterbricht Bastian die beiden.

»Ach so?«, Bastians Onkel zieht seine wild wuchernden grauen Augenbrauen hoch.

Bastian nickt. »Ja, ich hab das Thema gewechselt. Aber danke trotzdem.«

»Achtung, Gerd, die Teile sind höllisch scharf.« Elisabeth reißt ihrem Mann die Schale mit Wasabi-Erdnüssen aus der Hand und isst selber welche. »Weißt du denn schon, was du danach machen willst, Basti?«, fragt sie mit vollem Mund und verzieht ihr Gesicht, als hätte sie in eine Zitrone gebissen.

Bastian lächelt sie verständnisvoll an. »Scharf, ne?« Lässig wirft er sich drei Nüsse auf einmal in den Mund. »Also, früher dachte ich ja immer, ich werde Taxi-Fahrer. Und häng mir dann so mein Diplom ans Taxameter ...«, er zwinkert Elisabeth zu, »aber im Moment bin ich jetzt hauptberuflich erstmal Prokrastinierer. Das läuft ganz gut.« Er grinst.

»Was bist du?«, fragt sein Onkel und hält eine Hand hinter sein Ohr. »Ich glaub, das hab ich akustisch jetzt nicht verstanden.«

»Das war ein Witz«, mischt sich Michi ein, der die leeren Teller abräumt, »Bastian will uns damit sagen, dass er eines schönen Tages auch noch seinen Abschluss machen wird«, sagt er nüchtern und geht weiter ins Wohnzimmer.

Gerd und Elisabeth nicken verwirrt. »Nee, gut, also ernsthaft«, sagt Bastian und dreht sich zu seinem Onkel. »Ich muss jetzt nur noch meine letzten Arbeiten schreiben. Und dann hätt' ich vielleicht noch Bock auf Promovieren. Oder auf 'ne Stelle bei 'ner NGO. Irgendwas so in Richtung Politikberatung. So der Bereich halt so …«, nickt Bastian.

Sein Onkel schaut ihn bewundernd an. »Na, also, ich find das jedenfalls toll, wenn du dich für etwas so begeisterst … Also, dass du da was gefunden hast, was du so über Jahre durchziehst. Ich könnt das ja nicht«, er schaut in sein Prosecco-Glas und schüttelt mit dem Kopf. »Ich bin ja gleich langweilig Arzt geworden. Da hat man dann ja auch keine Zeit mehr, rechts und links zu schauen, ne.«

Bastian nickt verständnisvoll. »Du, ich mach jetzt mal weiter die Garçon-Nummer«, sagt er. »Ich hol mal neuen Sekt aus dem Keller.« Er zwinkert Gisela zu, die gerade an den Tisch getreten ist: »Und du bleibst schön hier stehen, Geburtstagskind.«

Bastian tritt auf die Terrasse. Er fröstelt. Es ist nasskalt, über ihm hängen riesige Regenwolken, die den Mond verdecken. Bastian würde jetzt unglaublich gerne eine rauchen. Aber seine Eltern wissen nicht, dass er raucht. Er blickt in den Garten. Die leere Hollywoodschaukel mit der riesigen kitschigen rosa Schleife wippt langsam auf und ab.

Bastian kickt kleine Steinchen von der Terrasse. Er denkt daran, wie er früher hier mit Malte und Michi die Betonplatten mit Kreide bemalt hat. Wie er vorne bei den großen Blumentöpfen mit seinem Vater immer Kirschkernweitspucken geübt hat. Wie stolz er war, als er den halben Weg zum Baumhaus geschafft hat, weil er damit den Rekord gebrochen hatte. Wie sein Vater ihn danach wochenlang immer nur peinlich »Kirschenking« genannt hatte.

Durch die angelehnte Terrassentür wehen Gesprächsfetzen nach draußen. Untermalt vom Köln Concert, das im leeren Arbeitszimmer für niemanden spielt, hört Bastian seinen Onkel über seine nahende Verrentung philosophieren, »… wir haben dann ja jetzt *endlich* einmal Zeit …«

»Wir planen ja schon eine richtig große Tour …«, übernimmt seine Frau. »Da gibt es so ein süßes Künstlerhotel in Ahrenshoop. Und fürs Frühjahr haben wir uns die Prignitz vorgenommen, da gibt es ja so wunderbare Landschaften …«

»Ja, das soll ja so toll sein da«, bestätigt Giselas Stimme. »Elke ist da ja auch mal an der Elbe entlang …«

Bastian wendet sich ab. Er atmet in die Nacht.

»Wo ist eigentlich Bastian schon wieder?«, hört er Michi laut fragen. Bastian seufzt. Er kramt in seiner Hosentasche nach dem Kellerschlüssel. Bevor er wieder hineingeht, spuckt er in den Garten.

Er schafft es knapp bis zum Baumhaus.

*

»Gerade auf diesen Partys hab ich so den Eindruck, dass sich alle so mit ihren Kindern schmücken«, erklärt er Herrn G., »Dass das ihre Juwelen sind, mit denen sie PR für sich selber machen.«

»Nun«, sagt Herr G. und zuckt mit den Achseln, »Eltern sind eben stolz auf ihre Kinder, meinen Sie nicht?«

Bastian kaut am Nagel seines Daumens herum. »Haben Sie eigentlich Kinder?«, fragt er Herrn G. beiläufig.

Herr G. lächelt nur.

»Naja, ich mein, es ist ja auch richtig, wenn die stolz sind«, räumt Bastian ein, »aber irgendwie ist das dann immer gleich so extrem … Mir ist das zumindest dann zu *extrem*. Und deshalb bau ich dann halt sofort diese Schutzwand auf.«

»Was für eine Schutzwand?«, fragt Herr G.

»Weiß nicht«, Bastian runzelt die Stirn, »das ist so 'ne Wand ... ja, gegen was eigentlich?«, er zuckt mit den Schultern. »Gegen zu viel Nähe, glaub ich. Gegen zu viel Aufmerksamkeit. Und gegen mich selber auch so'n bisschen, vielleicht«, er nickt. »Ja, irgendwie so.« Seine Hände luftjonglieren wieder. »Da krieg ich dann halt die Balance schon wieder nicht hin. Entweder ich fühl mich wie ein Held oder eben wie der Voll-Loser, der da nicht hingehört. Was dazwischen geht scheinbar nicht.«

»Geben Ihre Eltern Ihnen denn das Gefühl, dass Sie der Voll-Loser sind?«

Bastian schüttelt heftig den Kopf. »Nee. Und deshalb tut's mir dann auch immer so leid, dass ich nicht länger dableib. Aber ich *kann* dann einfach nicht. Mir wird immer alles zu viel da: Diese unglaublich interessierten Fragen, diese ganzen randlosen Brillen, dieses Gelaber über grünen Tee und Pilates und Darmspiegelungen und Chagall-Ausstellungen und Wandertouren und private Zusatzversicherungen ... Das pack ich dann einfach nicht. Verstehen Sie das? Ich muss dann sofort weg. Und danach tut es mir gleich wieder total leid. Weil ich meine Eltern ja echt mag. Weil meine Eltern mir ja eigentlich echt *voll* viel bedeuten. Und weil ich denen ja echt viel verdanke.«

Herr G. nickt.

»Also nicht nur viel«, Bastian räuspert sich, »sondern ja eigentlich alles.«

*

»Du kannst sonst natürlich auch hier schlafen, Linchen«, hatte Ulrike Anna angeboten, wie jedes Mal, wenn es spät wird. »Oder sollen wir dir ein Taxi spendieren?«

Anna hatte den Kopf geschüttelt. Sie fühlte sich jetzt wieder gut. Die Kopfschmerzen waren verflogen. Ulla hatte ihr das Marc-O'Polo-Jäckchen für den Weg geliehen, ihr eine Tüte mit der restlichen Schokolade, Ingwerbonbons, der gelesenen *Psychologie heute*, und dem Duschgel, das auch sie benutzt, zusammengepackt und Anna zur Tür begleitet.

»Mach's gut, mein Schatz«, sie küsste ihre Tochter auf den Mund. »Und schreib noch 'ne Nachricht, wenn du gut angekommen bist, ja?«

Anna nickte. Wolfgang drückte sie fest an sich. »Komm gut nach Hause, Linchen.«

Unten auf der Straße blickte sie sich um. Wolfgang und Ulrike schauten ihr vom Balkon hinterher. Wolfgang winkte wie bei einem Konzertbesuch mit beiden Händen über dem Kopf zu Paolo Conte im Takt.

Anna lachte. »Geht sofort rein, es ist schweinekalt!«, rief sie.

Aber ihre Eltern blieben auf dem Balkon stehen. Sie winkten ihr so lange hinterher, bis sie für Anna nur noch als kleine Pünktchen erkennbar waren.

★

Bastian lässt die große blaue Ikea-Tüte auf den Bahnsteig fallen. Bevor er eben bei seinen Eltern los ist, hat er noch schnell ein paar alte Bücher aus dem Keller, die sein Vater ausrangiert hatte, mitgenommen.

»Du musst auch nicht warten, Papa«, sagt Bastian. Er fühlt sich irgendwie unwohl.

Reinhard runzelt die Stirn. »Natürlich warte ich mit dir.«

Schweigend blicken die beiden auf die Anzeigetafel, bis der Zug einfährt. Bastian schultert seine Tasche. »Wenn die beiden vom Brunch zurück sind, sag Mama und Michi, dass es mir leid tut, dass ich einfach so abhaue«, ruft Bastian durch den Zuglärm hindurch.

»Klar«, ruft Reinhard, er hält seine Kappe fest, damit der Fahrtwind sie nicht von seinem Kopf bläst. »Pass auf dich auf, ja?«

Bastian umarmt ihn. »Mach ich«, sagt er durch das Quietschen der Bremsen. »Und ihr auch auf euch.« Ohne sich noch einmal umzudrehen, springt er in den Zug.

★

Herr G. stellt sich auf das Vater-Kissen. Er ist nicht nur dreidimensional, denkt Anna, als sie ihn plötzlich direkt hinter sich spürt, sondern er hat auch einen Körper. Und zwar einen, der nun fast ihren kompletten Rücken berührt. Anna muss sich furchtbar konzentrieren, um das auch nur eine Sekunde aushalten zu können. Sie hält den Atem an. Stoisch starrt sie geradeaus auf die weiße Wand.

»Und nun? Wie fühlen Sie sich nun?«, fragt Herr G. in die Stille. Seine Stimme ist so nah, dass Anna vor Schreck zusammenzuckt.

Sie dreht sich um. Auf der Höhe ihrer Stirn berühren Herrn G.s Lippen fast ihr Gesicht. Er überragt sie um einen halben Kopf. »Nicht umschauen«, sieht Anna die Lippen sagen. »*Fühlen* Sie einfach erst mal.« Widerwillig dreht Anna sich wieder um. »Machen Sie sonst kurz die Augen zu«, hört sie Herrn G. behutsam sagen. Nun, da sie nichts mehr sieht, spürt Anna seine Nähe nur noch mehr. Er riecht ein bisschen nach Seife. Sein Atem geht gleichmäßig, wenn er einatmet, spürt sie die Bewegung seines Brustkorbs an ihren Schultern.

»Sie stehen *viel* zu nah an mir dran!«, platzt es viel härter, als sie will, aus Anna heraus.

Wortlos tritt Herr G. auf das Mutter-Kissen.

»Selbes Gefühl?«, fragt er nach einigen Sekunden leise. Sein Atem kitzelt in Annas Nacken.

»*Furchtbar*, ja«, sagt Anna, sie schafft es nicht, weniger schroff zu klingen. Die Nähe zu Herrn G. ist so beklemmend, dass sie noch nicht einmal darüber nachdenken kann, ob er ihre Worte persönlich nehmen könnte.

Sein Körper tritt einen großen Schritt zurück. »So besser?«

Annas Rücken ist endlich wieder frei. Erleichtert atmet sie aus. Sie nickt.

»Und so?«, sagt Herr G. noch einen Meter weiter entfernt vom Vater-Kissen.

»Nein«, antwortet Anna wie aus der Pistole geschossen. Der Abstand hinter ihrem Rücken fühlt sich plötzlich leer und kalt an.

Sie dreht sich zu Herrn G. um. »Das ist zu weit«, sagt sie. »Dann lieber so wie vorher«, sie winkt ihn zu sich zurück. »Dann lieber ganz nah.«

*

Machen wir es also kurz. Unser Angstmacher Nummer vier ist der begründetste, der logischste, der berechtigtste, den wir mit uns herumtragen. Im Gegensatz zu allen anderen geht es in seinem Fall nämlich nicht um Eventualitäten und deshalb auch ausnahmsweise einmal nicht um Zweifelmonster. Sondern um die Urangst angesichts von etwas, das unabwendbar passieren wird, das sogar schon dabei ist zu passieren. Dessen Konsequenzen für uns aber schier unvorstellbar sind.

Es geht um unsere Angst, so richtig erwachsen zu werden.

Nicht etwa, weil wir unreif oder pubertär wären. Sondern, weil wir uns damit eingestehen würden, dass die Zeit gar nicht stehenbleibt. Dass sie sich weiterdreht. Überall. Sogar in unseren Höhlen.

Wir müssten uns dann klarmachen, dass die vergehende Zeit deshalb nicht nur uns erwachsen, sondern auch unsere Eltern älter werden lässt. Und dass das bedeutet, dass sie irgendwann einfach nicht mehr da, dass sie weg sein werden. Und dass unsere Flatrate auf Liebe, Freundschaft und Sicherheit in Wirklichkeit gar keine ist. Sondern, dass auch sie endlich ist. So wie wir. Und wie unsere Eltern.

Aber wie gesagt, darüber können und wollen wir nicht nachdenken. Der Gedanke ist schlichtweg zu ungeheuerlich. Und der

Panikflash, den er auslösen würde, ließen wir ihn auch nur einen Moment zu nahe an uns herankommen, wäre es auch. Er würde tiefer gehen als alle anderen zuvor. Unsere Welt wäre so erschüttert, dass wir vermutlich einfach nur durchdrehen würden. Dass wir den Boden unter den Füßen verlieren und drohen würden, radikal zusammenzubrechen.

Dann müsste uns jemand wirklich ganz schnell nach Hause bringen. Und dort, in unseren Höhlen, müssten wir unsere Köpfe dann erst einmal ziemlich tief und ziemlich lange in unseren Kinderbettkissen vergraben. Und zwar tiefer und länger als je zuvor. Eben so tief und so lange, bis die Angst uns nicht mehr lähmen würde. Bis wir uns endlich wieder beruhigt hätten. Oder es Abendessen gäbe.

Was soll bloß aus uns werden?

Politik:
Die Angst vor dem Statement

»*Westerwave – no one can reach me the water*«
Facebook

Wir sind dagegen.

Wir sind dagegen, dass man noch länger so tut, als seien wir verdrossen.

Wir sind dagegen und wir lehnen es ab, dass man uns weiterhin so behandelt, als hätten wir null Ahnung von nichts. Als seien wir alle komplett naive, denkfaule, uninformierte, konsumgeile Individuen ohne jeglichen Sinn für das, was richtig oder falsch ist; desinteressierte, verzogene Kinder, die völlig kopf- und meinungslos durch eine Welt spazieren, der gegenüber sie sich komplett indifferent verhalten, solange es nur ihnen selbst gutgeht.

Wir sind dagegen, weil das alles nicht stimmt.

Denn ob man es nun glauben mag oder nicht: Auch wir gucken regelmäßig die Tagesschau. Auch auf der Lesezeichen-Leiste unserer Browser ist mindestens eine Nachrichtenseite gespeichert. Und ja, auch wir lesen Zeitung. Manchmal verrückterweise sogar den Politikteil. Und ab und an, unglaublich aber wahr, haben wir uns auch schon mal in den Seiten des Feuilletons verirrt.

So ganz doof und verdrossen *können* wir also gar nicht sein. Und gänzlich unpolitisch sind wir auch nicht.

Wir sind einfach nur still.

★

»Ach, ich weiß es doch auch nicht«, seufzt Bastian entnervt. Frustriert blickt er zu Herrn G. hinüber.

»Aber letztes Mal haben Sie sich doch so gefreut über Ihre gute Note?«, fragt Herr G. verständnislos. »Und ja auch nicht zu Unrecht, oder?« Er lächelt Bastian aufmunternd zu.

»Ja, dachte ich ja auch … Also, ich *habe* mich da ja auch gefreut. Und ich glaub, das war ja auch irgendwie wichtig für mich, mir zu beweisen, dass ich auch mal was fertigkriegen kann und vorankomme und das auch noch mit einem ganz guten Feedback und so«, Bastian schüttelt den Kopf. »Aber irgendwie …«

»Irgendwie was?«, unterbricht Herr G. ihn.

»Naja, irgendwie freut man sich dann halt so und ist derbe enthusiastisch«, Bastian wippt mit dem Kopf, als würde er laut Musik hören. »Und das hält dann ein, zwei Stunden oder auch Tage an. Alles ist total super. Und dann«, Bastian schlägt mit seiner rechten zur Faust geballten Hand in die offene Linke, »dann geht's so *bam*, direkt nach unten. Und zwar viel tiefer, als man vorher war. Weil man dann plötzlich denkt, Alter, was *machst* du hier? Was *denkst* du eigentlich, wer du bist? Was konstruierst'n du dir hier für'n Erfolg, als wärst du der Geilste überhaupt? Und da merkt man dann, dass das eben auch echt nur wieder 'ne bekloppte Hausarbeit war, für die man einen Aufwand betrieben hat, als sei es 'ne Doktorarbeit. Und am Ende kriegt man dann seine eins oder zwei, und was bringt das einem? Nix. Und dann findet man die ganze Freude plötzlich mega-lächerlich. Dann kann man den Hype, den man da zelebriert hat, auf einmal überhaupt nicht mehr verstehen.«

Bastian lacht bitter. Seine Sätze klingen im Raum nach, als hätte er sie ausgespuckt. Aneinandergedrängt hängen sie in der Luft, als warteten sie darauf, dass irgendwer irgendetwas mit ihnen anfängt. Doch Herr G. tut nichts. Er reagiert nicht. Er nickt noch nicht einmal so verständnisvoll wie sonst. Er mustert Bastian nur schweigend.

»Wen meinen Sie denn eigentlich mit ›man‹?«, fragt er nach einer kleinen Pause ruhig.

»Oho«, ruft Bastian, »Moooment!« Er hebt unschuldig die Hände in die Höhe. »Habe ich das etwa gesagt?«, fragt er gespielt entsetzt. Seine Stimme klingt sarkastisch und einen Tick höher als er will.

Herr G. reagiert wieder nicht. »Ja, das haben Sie. Sogar mehrfach«, sagt er völlig unbeirrt.

Bastian verdreht die Augen. »Hmm«, sagt er langsam, er stützt seinen Arm auf die Stuhllehne und blickt grübelnd in Richtung Fenster. »Wen könnte ich damit wohl meinen …?« Er tippt mit dem Zeigefinger an seine Unterlippe. In Zeitlupe dreht er sich zurück zu Herrn G. »Ich glaube, ich meine damit …«, beginnt er in einem Tonfall, als hätte er ein Kleinkind vor sich, und macht dann eine theatralische Pause. Vermeintlich konzentriert wie ein schlechter Fernsehzauberer kneift er die Augen zusammen und tastet mit seinen Händen durch die Luft. »Ich meine damit …« Plötzlich rasen seine Hände aufeinander zu und klatschen direkt vor Herrn G.s Nase zusammen. »MICH!«, ruft Bastian laut und lacht irre, »mich, mich, mich!«

★

Unser Angstmacher Nummer fünf ist das klare Statement.

Er ist es auch, der uns so still werden lässt. Er ist es, der uns ständig verbietet, laut und klar unsere Meinung kundzutun zu dem, was wir über den Gang der Welt im Allgemeinen und Speziellen denken. Denn er hält unser Peinlichkeitvermeidungsideal hoch wie kein anderer. Und macht damit unsere sowieso schon so stark ausgeprägte Pathos-Allergie und unsere damit einhergehende Sucht nach überlegener Ironie nur noch schlimmer, als sie sowieso schon ist.

Mit der Folge, dass sich eigentlich so gut wie niemand mehr traut, den Mund aufzumachen. Zumindest nicht, um sich allen

Ernstes vor andere hinzustellen und völlig ironie- und schambefreit in die Welt zu rufen, was er glaubt, wofür er steht, wen er wählt und worauf er hofft.

Die Wahrscheinlichkeit, dass er dadurch unangenehm auffällt, liegt mittlerweile nämlich bei ungefähr einhundert Prozent. Einen so wahrscheinlichen Imageverlust mag der Großteil von uns aber verständlicherweise einfach nicht riskieren. Und hat es sich deshalb lieber im sicheren Land des ex negativo gemütlich gemacht. Dort muss man nämlich nicht mit der Angst leben, sich zu weit aus dem Fenster zu lehnen. Denn hier äußert man sich prinzipiell nur im Namen des Ausschlussprinzips und deshalb eigentlich gar nicht. Alles, was man tun muss, um immer schön auf der sicheren Seite zu bleiben, ist konsequent Nein zu sagen. Und darauf zu vertrauen, dass einen schon nie jemand nach dem Ja fragen wird.

Wenn man allerdings nur immer schnell das kommentiert, was man dämlich findet, wenn man nur immer schnell alle Sätze, die wie ein Statement wirken könnten, in »irgendwie halt so mäßig«-Hüllen verpackt und, noch bevor man seinen Satz beendet hat, darauf verweist, dass das alles sowieso nur »gefährliches Halbwissen« sei, wird das auch nicht passieren. Lapidar mit den Schultern zuckend und brav alle Schwammigkeiten, die andere von sich geben, abnickend kommt man auf diese Weise echt extrem gut durch.

Die Dauerkarte für die sichere Tribüne der neutralen Zuschauer bekommt man so dann eigentlich auch relativ schnell automatisch hinterhergeschmissen. Und dort, auf diesen Plätzen in der Mitte, kann man sich sowieso komplett entspannen. Denn hier, im seichten Ungefähren, im weich gepolsterten Uneigentlichen, fällt die eigene Stille garantiert niemandem mehr auf. Dafür ist das gegenseitige Niedergepfeife von rechts und links, aus den schlecht besetzten anderen Meinungsblöcken, nämlich viel zu laut.

★

»Also gut. *Ich*, ja?«, sagt Bastian überdeutlich und klopft sich auf die Brust. »Also *ich* will ja nur folgende These aufstellen: Ob *ich* hier irgendwann noch mal meinen Abschluss mache oder ob in China ein Sack Reis umkippt, ist eigentlich gleich wichtig.« Er lehnt sich langsam in seinem Stuhl zurück und lächelt gönnerisch zu Herrn G. hinüber. »Oder was meinen Sie?«

»Naja«, sagt Herr G. trocken. »Wenn Sie die Welt so betrachten möchten«, er faltet seine Hände und beginnt langsam, Däumchen zu drehen. »Dann sind wir ja alle nichts als umkippende Säcke Reis. Sie, ich, alle Menschen.« Seine Daumen wechseln die Richtung. Er erwidert Bastians Lächeln. »Oder was meinen Sie?«

»Ja, klar schon«, Bastian hibbelt mit den Füßen. Er spricht jetzt endlich wieder in seiner normalen Schnelligkeit. »Aber verstehen Sie diese Absurdität nicht, die das ergibt? Was aus mir wird, wen interessiert's? Ob ich glücklich bin oder nicht, wen geht das was an? Dann isses doch eigentlich alles völlig egal, oder?« Er lässt seine Hände, mit denen er die Sätze unterstrichen hat, kraftlos in den Schoß fallen.

Herr G. hält sein Daumenspiel an. »Wen meinen Sie denn«, fragt er, »*sollte* es etwas angehen außer Sie selbst? Also, an wen denken Sie da?«

Bastian überlegt. »Ich weiß nicht ... Niemanden jetzt speziell«, murmelt er. »Ich meine ja nur, dass wir halt schon alle krass ... *atomisiert* unterwegs sind. Also, dass halt irgendwie kein gemeinsames *Projekt* in Sicht ist ...«

Herr G. nickt.

»... dass halt niemand mehr *aufsteht*, wissen Sie. Dass da so null *Kraft* in der Masse ist ...«

Herr G. nickt nun langsamer. Er runzelt seine Stirn.

»... also dass da so gar kein *revolutionäres* Potential mehr aus den Leuten kommt, so gar keine große *subversive* Kraft mehr.«

Herr G. hört auf zu nicken. Er wirft Bastian einen skeptischen Blick zu.

»Entschuldigung, ich will Sie nicht unterbrechen. Aber worüber sagten Sie noch gleich, schreiben Sie Ihre nächste Hausarbeit? Nicht mehr über Luhmann, oder?« Ein Schmunzeln huscht über sein Gesicht.

»Äh, nee«, sagt Bastian und grinst. »Okay, gut, eins zu null, Mann«, lacht er. »Sie haben mich erwischt.« Er kratzt sich verlegen am Kopf. »Ich schreib jetzt über Marx.«

★

»Anna-Süße, hörst du mich?!«, schreit Marie hektisch durchs Telefon. »Bist du grad im Wohnzimmer?«

Anna verzieht das Gesicht. »Was ist denn da so *laut*, Marie, wo zur Hölle bist du? Ich dachte du wärest grad beim Sport?!« Anna entwirrt die drei Decken, unter denen sie liegt, und setzt sich ein Stück auf. In der Leitung herrscht Stimmengewirr. »Marie?«

Anna beugt sich vom Sofa zum Boden. Eines ihrer Kissen ist ihr weggerutscht. Sie hebt es mit der einen Hand auf, sammelt mit der anderen die überall neben dem Sofa herumliegenden gebrauchten Taschentücher zusammen und häufelt sie auf dem Tischchen neben sich zu einem kleinen Berg an. Als sie hochkommt, dreht sich ihr Kopf. Ihre Nebenhöhlen sind total zu.

»Ja, stimmt, beim Sport, da wär ich jetzt auch gerne«, brüllt Marie durch die Stimmen. Anna hält das Telefon ein Stück vom Kopf weg. »Aber ich komm ja nicht hin! Ist ja alles zu hier! Hast du etwa nichts gehört? Die müssten doch eigentlich schon direkt unter deinem Fenster angekommen sein!«

»Ich hab grad Musik über Kopfhörer gehört, damit mich das Festnetz nicht nervt«, murmelt Anna mit belegter Stimme. »Was ist denn los?«

»Geh doch jetzt mal ans Fenster!«, schreit Marie. »Hier sind original sechs so riesige große Panzerdinger, weißt du, die Wasserwerfer, diese großen! Siehst du die?«

Anna sinkt zurück in ihr Kissen. »Marie, ich bin viel zu matschig, um aufzustehen«, sagt sie müde und massiert sich die Schläfen. »Ist da 'ne Demo, oder wie?«

»Nee«, schreit Marie. »Eyyyyy! HALLO?! Sagt mal, *geht's* noch?!?!«

Anna streckt die Hand mit dem Hörer so weit sie kann von sich.

»Könnt ihr mich hier vielleicht netterweise mal *durchlassen*?«, hört sie Maries wütende Stimme. »Ganz vielleicht, bitte? Ja? Das wäre sehr freundlich! Ich will nämlich nur in das Haus meiner Freundin da hinten, versteht ihr?! Könnt ihr das verstehen, ja?«

Anna schließt die Augen.

»Sorry, Anna-Süße, die wollten mich hier grad nicht durchlassen. Ich komm jetzt einfach mal bei dir rum.«

»Was ist denn da los?«

»Ach, weiß nicht, irgendein besetztes Haus hier schon wieder, irgend so was, wie immer halt ... Krass! Da hinten ist diese eine von unserer Schule!«

Anna niest laut.

»Welche?« Sie schnieft und fächert mit der Hand hektisch durch die Luft vor ihrer kribbelnden Nase.

»Gesundheit. Na die, wie hieß die noch? Die, die damals schon immer nur in Schwarz rumlief?«, ruft Marie.

Anna niest ein zweites Mal. »Die mit der Ratte im Pulli?«, fragt sie ins Taschentuch.

Marie lacht. »Das war nur ein Gerücht, Süße. Aber ja, die.«

»Nee«, krächzt Anna heiser, »das war kein Gerücht! Ich hab die doch geseh'n damals. In der großen Pause ist die immer rüber zum Kiosk und hat das Viech mit Wurstbrot gefüttert.«

»Echt jetzt?« Marie kichert.

»Ja, echt jetzt!«, hustet Anna.

»Krass. Na egal, also die steht jedenfalls da hinten ...«, sagt Marie.

Anna legt die neue Taschentuchkugel auf ihren Berg.

»Boah, krass!«, ruft Marie. »Und jetzt hat die grad voll Wasser abbekommen! Den vollen Strahl! Die ist richtig umgekippt! Wie erschossen!«

»Echt?«, schnieft Anna. Der Berg kippt um. Sie presst ihr Handy jetzt wieder ans Ohr. »Bist du noch da, Marie?«

»Ja«, ruft Marie durch ein Pfeifkonzert, das Anna nun auch von der Straße hört. »Da werden jetzt welche mitgenommen! Und die ist auch dabei! Die wird jetzt grad einfach mal abgeführt ... Wie krass ist das denn bitte?!«

»Ja«, sagt Anna und gähnt. »Das ist ja echt voll krass«, wiederholt sie und kramt zwischen ihren Decken nach dem Beipackzettel des Nasensprays.

*

Es stimmt schon: Irgendwie haben wir vielleicht ein bisschen sehr schnell aufgehört mit unserem Versuch, politisch zu sein. Aber wir wussten ja auch noch nicht einmal wirklich, was das heißt. Und wenn wir ehrlich sind, wissen wir es bis heute nicht.

Unsere frühen Versuche jedenfalls waren so offensichtlich kläglich, dass sogar wir selbst sie ziemlich schnell nur noch belächeln konnten. Und im Nachhinein betrachtet war uns eigentlich sogar schon währenddessen, in dem Moment, als wir die »Ein Bush braucht kein Öl, sondern Wasser«-Plakate durch die Hauptstadt oder T-Shirt gewordene Hilflosigkeiten wie »Ich will Teil einer Jugendbewegung sein« oder die zwei sich gegenüberstehenden »Bis einer heult«-Panzer auf unserer Brust herumtrugen, klar, dass wir damit nicht gerade sehr glaubhaft rüberkamen. Weshalb wir es ziemlich bald einfach sein ließen. Und das Ruder an diejenigen übergaben, die sowieso überzeugter waren als wir.

Wenn mal wieder einer derjenigen, die ihre Freizeit hauptsächlich damit verbrachten, mit wichtigen Blicken ihr Veganertum und ihre offenen Beziehungen zu verteidigen, in einer Vollversammlung auf die Tische sprang und schrie, dass wir als

Zeichen unseres Protests gegen die Hochschulreform doch am besten jetzt gleich den Campus anstecken sollten, hatten wir dafür nur noch ein müdes Lächeln übrig. »Geh doch schon mal vor«, seufzten wir dann nüchtern. Und wandten uns selber lieber wieder unseren Readertexten fürs Proseminar zu.

Denn wir hatten keine Lust, den Campus in Brand zu stecken. Und spätestens als wir in der Mittagspause angeekelt den hundertsten Spartakisten-Flyer aus unseren verkochten Mensa-Essen klaubten, war auch dem Letzten von uns klar: Der Kampf gegen den teuflischen Neo-Liberalismus und sonstige andere gemeine reaktionäre Strömungen des 21. Jahrhunderts war einfach nicht unserer. Dafür glich er uns einfach viel zu sehr einem verirrten, billigen Abklatsch von etwas lange Vergangenem. Einer schlechten Kopie, einer albern-schattenkämpferischen Imitation von einem Projekt, das doch schließlich niemand anderes als unsere eigenen Eltern längst schon ausprobiert hatten. Etwas, das den Reality-Check längst schon durchlaufen hatte.

Und spätestens dort definitiv gescheitert war.

★

»Seh ich etwa immer noch *so* schlimm aus?«, Anna versucht ihr Spiegelbild im Fenster zur Straße zu erkennen. Sie sieht nur blattlose Bäume und Schneeregen.

»Nein, nein«, beeilt sich Herr G., er hebt beschwichtigend die Hand, »um Himmels willen, nein!« Entschuldigend lächelt er Anna an. »Sie sehen nur etwas ... *müder* aus als sonst«, bemerkt er fürsorglich.

Anna blickt ihm unverwandt in die Augen. »Ja, ich war ein bisschen krank«, murmelt sie fahrig. »Ich bin ein paar Tage zu Hause geblieben ... Ich hatte einfach keine Energie mehr.«

Herr G. nickt.

»Haben Sie sich denn etwas erholt?«

»Hm«, Anna zuckt mit den Schultern. »Geht so.«

»Na, jetzt ist ja erst mal Wochenende«, ermuntert Herr G. sie. Anna nickt abwesend.

»Und wie geht es Ihnen sonst?«

Anna schweigt. Sie zupft an den Ärmeln ihres Kapuzenpullis, aus dem nur noch ihre Fingerkuppen herausschauen. »Ach, ich weiß auch nicht ... Ich bin irgendwie einfach grad in so 'nem Deprikoller gefangen.«

»In einem was?«, Herr G. beugt sich zu Anna vor.

»Na, in so 'nem Tief.« Annas Lippen zittern leicht. Sie presst sie fest aufeinander. »Irgendwie häng ich nur noch lethargisch rum.«

»Aber Sie waren doch auch krank?«

»Hmm.« Anna scheint Herrn G. gar nicht richtig zu beachten.

»Oder ist irgendwas passiert?«, fragt Herr G. vorsichtig.

»Nee«, Anna seufzt. »Nee.« Sie rutscht tiefer in ihren Stuhl. »Ach, ich hab bestimmt einfach nur ein bisschen zu viel melancholische Musik gehört, als ich krank war. Ich hab halt einfach zu lange vor mich hingestarrt und darüber nachgedacht, wie sinnlos alles ist«, murmelt sie leise.

»Was meinen Sie mit alles?«, fragt Herr G. behutsam.

»Naja, *alles* halt«, entgegnet Anna ihm trotzig. Es klingt wie ein Vorwurf. »*Eigentlich* ist doch *alles* krass *sinnlos*.«

Herr G. nickt entschieden. »Ja, da haben Sie natürlich recht«, sagt er.

»Was?« Anna schaut von ihren Pulloverärmeln auf.

»Naja«, Herr G. hebt bedauernd seine Hände, »ich kann Ihnen jetzt ja auch keinen Beweis dafür geben, was für einen Sinn die Welt genau hat.«

Anna lächelt ihn schräg an. Herr G. lächelt zurück. Er trinkt einen Schluck Tee. Niemand sagt etwas.

»Ach, tut mir leid«, sagt Anna müde. »Ich weiß grad einfach echt nicht, worüber wir heute sprechen sollen.«

»Das ist vollkommen in Ordnung.«

Anna nickt. »Wir können ja übers Wetter reden oder so«, schlägt sie halbherzig vor.

»Wenn Sie mögen«, sagt Herr G.

»Nee, eigentlich nicht.«

Wieder schweigen beide. Draußen im Dunkeln hört man von weitem das Geräusch eines Krankenwagens. Anna setzt sich etwas im Stuhl auf.

»Haben Sie das am Wochenende eigentlich auch mitbekommen, den Alarm da?«, fragt sie und deutet mit dem Kopf in Richtung Fenster.

Herr G. lächelt. Er schüttelt den Kopf. »Welchen Alarm?«

★

Wir alle sind voller Neid auf unsere Eltern. Während wir oft das Gefühl haben, uns jeden Tag aufs Neue in den unendlichen Informationenfluten nur knapp über Wasser halten zu können, scheinen sie und alle anderen Leute in ihrem Alter gleich ein ganzes Universum an Meinungen über sich schweben zu haben, aus dem sie sich jederzeit frei bedienen können. Für sie scheint der Schritt von den Informationen zur Meinung irgendwie ein ganz einfacher zu sein.

Aber nicht nur auf das, was unsere Eltern heute sagen, sind wir neidisch. Sondern auch auf den Rudi. Und den Joschka. Und den Biermann. Und auf die Pappmaché-Masken des Schahs, die noch irgendwo neben den Stones-Platten auf dem Dachboden modern.

Wir beneiden unsere Eltern um ihre Vergangenheit. Denn sie waren dabei, damals, in einer ganz anderen Zeit. In der, so scheint es uns zumindest heute, irgendwie alles automatisch schon politisch war. In der man nur das tun musste, was man sowieso vorhatte – an die Uni fahren, auf Partys gehen, sich mit Rotwein betrinken, die Haare wachsen lassen, tanzen und knutschen –, und schon war man politisch.

Man brauchte einfach nur zu leben. Und schon war das ein Statement.

Ob das wirklich stimmt und ob das Leben in einer WG mit ausgehängter Klotür und dauerbekifften, verstrahlt die Revolution ausrufenden Kommunekollegen wirklich so grandios war, ist für unseren Neid komplett nebensächlich. Es ist uns eigentlich sogar total egal, ob unsere Eltern selber wirklich Achtundsechziger waren. Für uns sind sie es. Einfach, weil sie dabei waren. Oder zumindest in der Nähe.

Und dass wir die Zeit, die sie da mitbekommen haben, irgendwie sexy finden, kann man uns auch nicht mehr ausreden. Die vergilbten Bilder von verplanten Hippie-Menschen, die in ihren Badewannen Bier brauten, sind nun mal einfach cooler als unsere Digitalfotos von in Schlammbowle schwimmenden Zigarettenstummeln. Die alte Lässigkeit lässt sich damit einfach nicht toppen. Und die alte Form politischen Engagements schon mal gar nicht.

Vermutlich sind die Zeiten dafür einfach für immer vorbei. Politik ist etwas von gestern. Und für uns ist davon einfach nichts mehr übrig geblieben.

Außer vielleicht das bisschen Neid. Und das schlechte Gewissen, selber nie bei irgendwas dabei gewesen zu sein.

*

Bastian sitzt auf dem Klo. Er blättert in einer abgewetzten Broschüre *Unnützes Wissen*. Das Radio über der Tür, das irgendeiner von Billes alten Mitbewohnern dort in den Anfangsjahren der WG einmal ungefragt installiert hat, ist wie immer, wenn jemand das Bad betritt, automatisch angegangen und beschallt es mit Oldies.

»Bastian?«, ruft Bille draußen im Flur durch den Kopfstimmenchor der Bee Gees. »Dein Handy vibriert!«

Bastian antwortet nicht.

»Bist du ins Klo gefallen?«, brüllt Bille.

Bastian kichert. »Wusstest du«, brüllt er zurück, »wusstest du, dass man zu Hotdog früher auch Dackelwurst gesagt hat?«

»Was?«

»Hotdogs hießen früher D-A-C-K-E-L-W-Ü-R-S-T-E«, brüllt Bastian. »Steht hier!«

Lachend zieht er die Spülung. Beim Händewaschen blickt er in den Spiegel. Er durchwuschelt seine Haare mit den nassen Händen, bis sie so in der Luft stehen wie die des Zunge herausstreckenden Einsteins, der über dem Spiegel neben dem Pop-Art-Che-Guevara-Aufkleber hängt.

Bille steht direkt vor der Tür. »Hier«, sie hält ihm das Handy unter die Nase. »Gehen wir denn jetzt gleich noch runter oder nicht?«, fragt sie ungeduldig.

»If you're going to World Revolution, be sure to wear a helmet on your head, brother«, schreibt Michi. »Boah, langsam bitte. Kein Stress jetzt, ja?«, sagt Bastian zu Bille.

»Wollen auch *Sie* Ihr Horoskop für den Dezember erfahren?«, textet das Radio. »Nee, wollen wir nicht«, Bastian schlägt gereizt den Lichtschalter aus und dreht der Stimme den Saft ab. Er schiebt Bille in Richtung Küche. »Ich brauch jetzt echt erst mal 'nen Kaffee«, grummelnd schaltet Bastian sein Telefon aus und wirft es ins dunkle Badezimmer in den Korb mit der Dreckwäsche.

★

Anna drückt auf den Türöffner. Benommen schlurft sie zurück durch den Flur zum Sofa. Alles dreht sich. Zitternd verkriecht sie sich wieder unter ihren Fleecedecken.

»Boah, ich könnt mich ja so *aufregen* über die«, hört sie Marie an der Tür schimpfen. »Ich mein, da will man schon mal zum Sport und dann *so was*.« Marie taucht im Türrahmen auf. »Oje, du siehst ja *furchtbar* aus.«

Anna lächelt matt.

»Brauchst du irgendwas?«, fragt Marie besorgt. »Für dich

würde ich mich glatt freiwillig noch mal in die Meute da unten stürzen und zur Apotheke durchschlagen.« Sie rollt mit den Augen. Anna schüttelt den Kopf.

»Das war eben *echt* schlimm da draußen«, Marie setzt sich neben Anna auf die Sofakante, sie fischt mit dem Zeigefinger ein Em-eukal aus der Packung. »Ich meine, denken die, dass das ernsthaft was bringt? Wenn die zweimal im Jahr die Sparkasse einschmeißen? Das nervt doch einfach nur!« Marie leckt sich das Puder des Hustenbonbons vom Finger.

»Ist auch frischer Tee da«, murmelt Anna.

»Und wie die alle auch schon *aussehen*!«, fährt Marie aufgebracht fort. »In diesen Anarcho-Kluften! Weißt du noch, wie diese antideutschen Vollidioten, die uns letztes Jahr hier im Café beim Public Viewing immer mit Bierflaschen beschmeißen wollten? So!«

Ächzend setzt Anna sich ein Stück auf. Sie muss husten.

»Weißt du, und ich frag mich auch ernsthaft, warum die immer so *stinken* müssen!« Marie reicht Anna die Bonbontüte. »Wie die da eben auch, wie heißt die noch? Die mit der Ratte?«

Annas Augen füllen sich mit Tränen. »Patrizia«, stößt sie durch den Husten aus.

»Stimmt. Patrizia«, nickt Marie und hält Anna die Taschentücherbox hin. »Die stank doch auch immer so, weißt du noch? Eben da unten war auch so eine. Als die an mir vorbeigerannt ist, blieb richtig so 'ne Wolke in der Luft hängen«, Marie verzieht das Gesicht. »Ich mein, ich hab ja nix gegen Dreads und Leinenhosen, um Himmels willen. Und wegen mir müssen die sich auch nicht die Achselhaare rasieren, jeder wie er meint. Aber *Deo*? Was ist an *Deo* denn jetzt so schlimm? Was hat denn das bitteschön womit zu tun?«

»Naja«, röchelt Anna, »vielleicht ist das ja schon zu angepasst? Zu materialistisch oder was?« Sie tupft sich die Tränen aus ihren geröteten Augenwinkeln. »Zu *böse* halt irgendwie.«

★

Natürlich wissen wir, dass es sie da draußen noch gibt, die politischen Fragen und Probleme. Und natürlich ist Politik nichts Vergangenes. Das wissen auch wir.

Manche von uns treten deshalb ja auch sogar Parteien bei. Wir kriegen das leider nur nicht so wirklich mit. Sie stecken uns damit leider nicht an. Denn weder sie noch ihre Parteien stehen für irgendetwas, das uns wirklich anlocken und dem wir voll und ganz zustimmen könnten.

Und auch die, die uns erzählen, sie seien gegen das ganze System als solches, stecken uns nicht an. Denn wir sind nicht gegen das System. Aber auch nicht so richtig dafür. Dafür passiert es einfach viel zu weit weg von uns, nach seinen ganz eigenen Regeln. Und daran, dass es wirklich auch etwas mit uns zu tun hat, müssen wir uns deshalb immer erst einmal wieder erinnern. Leicht fällt uns das nicht.

Aber manchmal klappt es zumindest in Einzelfragen. Dann regen wir uns ein bisschen. Dann supporten wir mit unseren emporgestreckten Daumen irgendeine Aktion bei Facebook. Machen ein Kreuz bei einem Volksentscheid. Oder gucken sogar einmal bei einer Demo vorbei.

Politische Menschen werden wir dadurch aber nicht. Denn das Gefühl, dass wir doch immer nur eine Art Theaterstück aufführen oder auf dem Niveau eines Kirchentags stagnieren, verlieren wir nie. Weshalb wir uns auch höchstens zu einem dieser Events pro Jahr aufraffen.

Im Alltag lebt es sich so unengagiert ja aber auch gar nicht mal so übel. Da haben wir schließlich immer schon genug mit uns selbst zu tun und können unser schlechtes Gewissen deshalb ziemlich einfach vergessen.

Doch unterschwellig scheint es uns mehr zu begleiten, als uns bewusst ist. Denn manchmal kommt es dann geballt. Die Scham über unsere eigene Untätigkeit kann durch einen Zeitungsartikel, ein Foto, eine Doku oder ein Buch hervorgelockt werden. Eben durch irgendetwas, das uns völlig unvorbereitet und plötzlich in

Relation zu dem großen Ganzen setzt. Das uns daran erinnert, wie himmelschreiend ungerecht, brutal, arm und kaputt die Welt da draußen eigentlich ist. Und uns damit direkt auf unsere Brote schmiert, wie verdammt gut es uns doch eigentlich geht.

Wenn es erst einmal angetippt ist, wird unser schlechtes Gewissen so schnell nicht mehr müde, auf unserem Selbstwertgefühl herumzutrampeln. Wütend redet es auf uns ein, bis es Erfolg hat. Bis wir uns selbst dafür verachten, eigentlich nichts Besseres als dumme, dicke, satte, feiste, klopsige Kinder zu sein, die glücklich fettgefressen wie die Maden im Speck des Wohlstandes sitzen. Und die sich nun, als wäre das nicht schon schlimm genug, höhnischerweise auch noch in irgendeinem lächerlichen, pseudo-altruistischen Impuls tragisch selbst dafür bemitleiden wollen, dass auch sie die Welt nicht retten können. Bevor sie wieder friedlich weiterschmatzen.

Gegen diese armselige Ohnmacht, die wir dann verspüren, erscheint uns die unsere Kindheit begleitende Mahnung, dass in Afrika die Kinder verhungern, wie ein harmloser Benimmdichspruch. Obwohl unser heutiges Dilemma so unähnlich von unserem damaligen gar nicht ist. Denn auch damals wussten wir schon, dass es uns unmöglich sein würde, uns richtig zu verhalten: Ob wir unseren Teller nun leer aßen oder nicht – die Kinder in Afrika würden weiter verhungern. Und ob wir nun heute Fairtrade-Kaffee kaufen oder nicht, einer Partei beitreten oder nicht, ob wir nun Vegetarier werden oder jeden Tag im Block House essen – früher oder später wird sich so oder so wieder die gemeine Stimme in unserem Kopf melden, die jeden unserer Versuche der Verantwortungsübernahme auslachen wird. Und uns zynisch darauf hinweist, dass in irgendeinem T-Shirt doch wieder »Made in Bangladesh« steht und wir deshalb doch wieder irgendwen am anderen Ende der Welt ausgebeutet haben. Wenn nicht vorher sowieso noch herauskommt, dass auch das Fairtrade-Label eigentlich nur eine korrupte Verarsche war.

Und so müssen wir die in unregelmäßigen Abständen unangemeldet auftretenden Weltschmerzflashs und die Scham für unser eigenes gutes Leben wohl einfach aushalten, bis sie von selbst wieder weggehen. Wir können nur abwarten, bis sie wieder verfliegen. Und dabei höchstens ein kleines bisschen nachhelfen, indem wir uns gegenseitig betroffen unsere Machtlosigkeit versichern. Oder mal wieder unsere ungelesenen Suhrkamp-Bände im Schrank abstauben. Oder eine kleine Google-Recherche über EU-Agrarsubventionen starten. Oder, wenn halt gar nichts mehr hilft, die Frau vom Malteser Hilfsdienst noch auf einen Kaffee hineinbitten. Um ihr zu erzählen, dass wir nächstes Mal im Restaurant ganz sicher wieder einmal eine Obdachlosenzeitung kaufen werden.

Schön ist das alles nicht.

*

»Wolfgang und Ulla haben übrigens gefragt, ob du mal wieder kommst«, sagt Anna und wickelt den Schal enger um ihren Hals.

Marie nickt. »Gern.«

»Und Ulla will wissen, ob du dann lieber Fisch oder Limetten-Huhn willst.« Anna beugt sich zum Boden und sammelt ihre Taschentuchleichen in die Plastiktüte der Apotheke. Sie stöhnt. Marie hilft ihr. »Hast du auch Gliederschmerzen?«, fragt sie besorgt.

»Nee, geht schon, ist nur der Kreislauf«, sagt Anna und hält sich an Maries Arm fest.

Marie nickt.

»Wetten, der alte Mitbewohner von Felix ist auch da unten?«, schnauft Anna, als sie wieder flach liegt. »Der war doch auch immer so revoluzzermäßig drauf. Weißt du, der, der immer gleich jedem die Rundmails von seinem Internetforum andrehen wollte.«

»Der, der immer meinte, man findet ihn bei Google gleich

schon beim ersten Hit? Wo man dann immer so dachte: Ey, google dich doch selber, du Nerd?«, fragt Marie.

Anna lacht leise. Ihr Lachen geht nahtlos in einen zweiten Hustenanfall über. »Ja«, japst sie, »und der mit seinen Selbstgedrehten immer alles zugeraucht hat und mich dann angemacht hat, ich sei unlocker, nur weil ich meinte, ich hätte Asthma.«

Marie schüttelt den Kopf. Sie deckt Anna zu. »Wie gesagt, ich hab solche Leute nie verstanden«, sie reicht Anna die Schlafbrille vom Couchtisch. »So, und jetzt lass ich dich mal wieder schlafen, Süße.«

Anna nickt. »Ich hab die auch noch nie begriffen.« Sie vergräbt ihr Gesicht tiefer im Kissen. »Noch nie«, murmelt sie und schließt die Augen.

★

Doch. Manchmal ahnen wir schon, dass auch in uns so etwas wie politische Energien schlummern, mit denen man auch heute noch etwas anfangen könnte. Vermutlich hat die ja sogar jeder.

Nur bei uns haben sie leider im Regelfall herzlich wenig mit dem zu tun, was wir als Schlagzeilen auf SpiegelOnline lesen. Die Energien finden eben keinen Weg aus uns heraus. Das System bleibt da, wo es ist, und wir da, wo wir sind. Denn es ist einfach nicht mehr 1968. Sondern 2011. Und ein Obama ist auch nicht in Sicht. Sondern immer nur irgendwelche hochkomplexen Reformen. So ist das nun mal. Ist Deutschland hier. Wir haben uns damit abgefunden.

Und deshalb werden wir in naher Zukunft realistisch betrachtet wohl auch weiterhin nicht sehr viel mehr tun als das, was wir heute tun. Wir werden uns weiterhin in einer Mischung aus Pseudo-Statement, wahrer Empörung und offener Schadenfreude Links von sich verhaspelnden oder stolpernden Ministern, Fotos ihrer schlechtsitzenden Frisuren, Clips ihrer grausamen Fremdsprachenkenntnisse und Karikaturen ihrer sonstigen persönlichen Unzulänglichkeiten hin und her schicken. Wir werden weiterhin keinen Parteien beitreten, sondern lieber Facebook-Gruppen, die »Spätrömische Dekadenz« oder »Westerwave – no one can reach me the water« heißen. Wir werden uns weiterhin jedes Mal an Silvester liebevoll, so als würden wir ein zurückgebliebenes Familienmitglied oder ein Haustier in den Arm nehmen, zum Fernseher wenden und »Och, Schätzelein, jetzt lach doch auch mal« rufen, während die Angie ihre Neujahrsansprache hält. Und uns zwischendurch immer mal wieder gerne den betrunkenen Schröder in der Elefantenrunde damals anschauen.

Anstatt die Unterschiede in den Programmen ihrer Parteien herauszuarbeiten, werden wir uns einfach immer weiter über unsere Politiker lustig machen. Ganz so wie wir es früher in der Schule mit irgendwelchen linkischen Lehrern gemacht haben, statt ihnen zuzuhören.

Ja, das bedeutet, dass wir politisch noch zu haben sind. Aber es heißt auch, dass, wenn man sich nicht sehr viel Mühe damit gibt, uns anzusprechen und uns zu umwerben, sich daran von alleine nichts ändern wird. Und man uns, wenn uns nicht irgendwann irgendwer dort abholt, wo wir stehen, vielleicht nie wirklich erreichen wird.

*

»Da ist Tom, guck«, ruft Bille vom Balkon zu Bastian in die Küche. Bastian tritt ans Fenster. Bille deutet auf einen vermummten Typen, der an der Straßenecke steht und vor einem behelmten Polizisten ein Transparent schwingt, auf dem »Smash Capitalism« steht. Bastian wendet sich ab.

»Geil, wollen wir uns das warm machen?«, er drückt auf einer Packung eingeschweißtem Knoblauchbrot herum, die aus einer unausgepackten Aldi-Tüte neben dem Küchentisch hervorlugt. »Bille?« Er wedelt mit der Brotpackung nach draußen.

»Gehört mir nicht«, ruft Bille über die Schulter durch die Balkontür, während sie zur Straße hinunterwinkt. »Aber können wir sicher nehmen, klar.«

Sie kommt zurück in die Küche. »Willst du gleich noch runter?«

Bastian streckt sich auf dem alten Sofa hinter dem Tisch aus. Er kramt eine Zigarette aus seiner Brusttasche. »Joa, vielleicht.«

»Klingst ja nicht begeistert«, sagt Bille. Sie dreht den Herd auf.

»Nee«, Bastian bläst den ersten Schwall Rauch in Richtung Decke, »bin ich auch nicht. Ich hab eigentlich kein Bock mehr auf solche Aktionen.«

»Hier, mach die mal auf, ich schaff das nicht, bin zu schwach«, Bille reicht ihm die Espressokanne.

»Weißte«, sagt Bastian durch die Zähne, zwischen denen seine Zigarette hängt, während er die Kanne aufdreht, »ob die jetzt hier ein Haus besetzt halten oder nicht – also ich find's ja gut und richtig, wenn sie radikal sein wollen –, aber eigentlich ist das doch auch kackegal.« Er legt die Kannenteile auf den Tisch. »Eigentlich sind das doch auch alles nur Pseudos«, sagt er verächtlich und pustet den Rauch über seine Schulter.

Bille nickt abwesend. Sie baut die Kanne wieder zusammen und blickt zum Balkon. »Tom ist eben gut an den Bullen vorbeigekommen. Hat er Glück gehabt. Letztes Mal haben die den voll fertiggemacht.« Vorsichtig häuft sie einen Löffel Espressopulver in das kleine Metallsieb der Kanne. »Der ist eigentlich eh noch so fertig von letzter Woche«, erzählt sie. »Der war letzte Woche wieder beim Castor am Start und hat da 'ne Nacht im Gleisbett gepennt. Eigentlich ist der jetzt voll erkältet.«

»Aha«, sagt Bastian und drückt seine Zigarette im Aschenbecher aus, »der Arme.« Bastian reibt sich die Hände. »Boah, Bille, mach doch jetzt bitte mal *endlich* die Balkontür zu«, ruft er und schlägt Bille mit einer labberigen Kräuterbaguettestange gegen den Arm, so dass das Espressopulver vom Löffel kippt. »Sonst erkälten wir uns nämlich auch noch«, sagt er und erwidert Billes genervten Blick mit einem unschuldigen Lächeln. »Und das wollen wir ja schließlich nicht. Oder?!«

★

»Gestern«, erzählt Anna Herrn G., »als ich wieder einigermaßen auf den Beinen war, bin ich dann noch zu meiner Großmutter gefahren.«

»Das ist doch schön, oder?«, fragt Herr G. aufmunternd.

Anna nickt und zwingt sich zu einem Lächeln. Ihr Ziel ist es, diese Sitzung durchzuhalten, ohne übers Wetter sprechen zu müssen. Und ohne zu heulen. Zumindest nicht wegen irgendwelcher komischen selbstmitleidigen Stimmungen.

»Wie alt ist denn Ihre Großmutter?«

»Fünfundachtzig.«

»Haben Sie ein enges Verhältnis zu ihr?«

»Ja, naja, früher«, Anna zuckt mit den Schultern. »Also wenn ich ehrlich bin, zieht's mich heute eigentlich nur noch runter, sie zu besuchen. Also nicht *sie* zieht mich runter, sondern dieses Heim. Und dabei isses ein gutes Heim.« Anna zupft wieder an ihren Ärmeln. Sie blickt auf ihre Hände. »Wie da diese ganzen alten Leute vor der Cafeteria in ihren Rollstühlen sitzen und einen so groß angucken, mit diesen … leeren Blicken. Als würden die durch Milchglas gucken. Und wie die hinten die Haare so wirr haben, weil sie nicht mehr selber mit der Bürste rankommen und die Pflegerin sie scheinbar vergessen hat. Und wie sie den ganzen Tag nichts tun. *Nichts.* Das ist doch so schrecklich. Das ist sooo traurig, find ich.«

Anna schaut zu Herrn G. auf. »Ich frag mich dann immer jedes Mal, also gestern auch wieder, *umarmt* irgendwer diese Menschen eigentlich mal? Die, die keinen Besuch kriegen? Oder werden die einfach *nie* umarmt, *jahrelang* nicht, von *niemandem*?«

Herr G. nickt ernst.

»Und dann geht man da wieder raus, in seine eigene Welt, und vergisst das alles lieber ganz schnell wieder. Einfach so. Und es funktioniert. Und man hat wieder nur sich selbst auf dem Radar. Und dreht sich wieder nur um seinen eigenen Stress. Und den der drei, vier anderen Menschen, die einem wirklich wichtig sind. Bis es einem dann an Weihnachten oder so, wenn man seine Großmutter abholt, damit sie da mal wegkommt, wieder einfällt. Das ist doch eigentlich zum Kotzen, oder? Also ich find das *furchtbar*!« Anna schüttelt fassungslos den Kopf.

Herr G. schweigt.

»Vielleicht sollten Sie Ihre Großmutter einfach öfter besuchen?«, fragt er leise.

»Ja«, seufzt Anna und schaut wieder auf ihre Hände. »Ja, vielleicht.«

★

»Wissen Sie, was *ich* glaube?«, fragt Bastian Herrn G.

»Verraten Sie es mir«, sagt Herr G. abenteuerlustig.

»Ich glaube, Marx hatte recht!«, sagt Bastian triumphierend.

Herr G. zieht die Augenbrauen hoch.

»Aber wissen Sie, was ich auch glaube?«

»Und zwar?«

»Wenn niemand seine Ideen richtig umsetzt, sind all die tausend Kilometer Buchseiten, die er geschrieben hat, Bullshit.« Bastian wirft Herrn G. einen wissenden Blick zu. »Denn *wir*, also die Leute da draußen, die werden es schon mal gar nicht hinkriegen, die Welt in nächster Zeit zu verändern. Obwohl ich das sicher glauben werde, wenn ich die Hausarbeit schreibe. Dann werd ich Ihnen erzählen, wie begeistert ich bin, wie jedes Mal. Und wie ich es einfach nicht fasse, dass es von denen da draußen«, Bastian wedelt mit seiner Hand in Richtung Fenster, »einfach keiner checkt.«

»So wird das sein?«, fragt Herr G.

Bastian zuckt mit den Schultern. »Vielleicht könnten Sie

mich dann ja dran erinnern«, schlägt er vor. »Dann bin ich vielleicht nicht ganz so schlimm desillusioniert wie bei den letzten Malen.«

»Woran soll ich Sie dann erinnern?«, fragt Herr G.

»Daran, dass Marx oder Engels oder Trotzki oder Heidegger oder von wem auch immer ich Ihnen dann vorschwärme«, er lächelt sarkastisch, »dass das heute eigentlich wirklich nur noch alte Säcke sind. Alte, gammelige Säcke.«

»… Reis«, ergänzt Herr G.

Bastian grinst. »Klar, sorry.« Er nickt. »Reis.«

*

Natürlich könnten wir auch einmal andersherum denken. Wir könnten auch einmal nicht nur davon ausgehen, was wir alles *nicht* haben, was wir alles *nicht* auf die Beine stellen und was heute alles *nicht* mehr möglich ist. Sondern von dem, was wir, zumindest theoretisch, also jenseits unserer abgeklärten Ironie und unseres selbstkasteienden schlechten Gewissens haben könnten.

Wir könnten uns fragen, wo sie denn hingehen, unsere politischen Energien, wenn schon nicht in die Politik. Wir könnten zum Beispiel darüber nachdenken, wann und wo wir sie schon einmal angetroffen haben. Wann und wo wir ihm vielleicht irgendwo, wenigstens kurz, schon einmal begegnet sind, dem Gefühl, bei etwas dabei zu sein. Dem Gefühl, ein angesprochener und zugleich sprechender Teil von etwas großem Ganzen zu sein, irgendwas gemeinsam mit anderen zu erleben, etwas, bei dem wir zählen, ohne im Mittelpunkt zu stehen.

Wir könnten versuchen, uns zu erinnern, ob es vielleicht irgendwann damals bei der WM gewesen ist, als wir uns selbst damit überraschten, plötzlich im Jubel einfach den nächstbesten Fremden neben uns zu umarmen. Oder irgendwann danach, als wir bei den Aufnahmen der Meere aus hochgehaltenen »Yes, we can«-Schildern auf einmal kurz so etwas Ähnliches wie ergriffen waren. Oder ob es irgendwann auf irgendwelchen Festivals gewesen ist, als wir in der Masse eng aneinandergepresst wie ein einziger großer Körper im Takt zu der riesigen, uns ozeanisch durchflutenden Elektrowelle hin und her wippten.

Ja, natürlich könnten wir uns auf diese oder ähnliche Arten über unser berühmtes, aber irgendwie merkwürdig verkorkst verschüttetes Wir-Gefühl unterhalten. Und uns überlegen, ob solche Erlebnisse vielleicht irgendwie ausbaufähig wären. Klar.

Nur dummerweise sind diese Fragen unfassbar peinlich. Und zwar leider nicht nur ein bisschen. Sondern so richtig unbeschreiblich grausamst peinlich. Allein vom Lesen kriegen wir ja schon kilometerweit Ekelgänsehaut.

Und deshalb – es tut uns wirklich und aufrichtig leid, aber sie gehen echt sowas von gar nicht – werden wir diese Fragen auch nicht aussprechen können. Wir werden sie weder stellen noch beantworten.

Wir werden einfach so bleiben, wie wir sind: still.

Wir sind nicht alleine:
Versuch einer Entlastung

»*Nix Angst. Angst nix gut. Angst essen Seele auf*«
Rainer Werner Fassbinder

Hier sitzen wir nun also. Die fünf Probestunden unserer Gruppentherapie sind vorbei. Herr G. ist kurz rausgegangen. Er kopiert noch schnell den Antrag und die Bewilligung der Krankenkasse für unsere Unterlagen.

Wir mussten uns bei ihm gar nicht auf die Couch legen. Unser Therapeut hatte gar keine Couch. Das macht man nur in einer Analyse, hat er Bastian in der ersten Sitzung erklärt. Aber im Therapiesessel war es ja eigentlich auch ganz bequem.

Was die letzten Wochen mit uns gemacht haben?

Angst vor saurem Regen haben wir zumindest immer noch nicht. Und an dem Zustand, dass eigentlich alles und gleichzeitig aber auch gar nichts wirklich gut ist, hat sich strenggenommen auch nichts geändert. Eigentlich überhaupt nicht. Wir sind immer noch ständig glücklich und unzufrieden zugleich.

Aber alles, was wir getan haben, ist ja schließlich auch nur, ein bisschen über unsere Angstmacher zu plaudern. Und vielleicht festzustellen, dass andere sie auch kennen. Bastian und Anna kennen sie zumindest sehr gut. Na toll.

Was wir allerdings nun, wo wir unsere Ängste einmal so schön geordnet und benannt und *thematisiert* haben, mit ihnen anfangen werden oder sie mit uns, ist dadurch noch überhaupt nicht klar geworden. Gar nicht. Ein großer Erfolg scheint das alles jedenfalls nicht zu sein.

Herr G. sieht das natürlich mal wieder ganz anders. Nachdem er mit Anna einen Termin für die nächste Sitzung ausgemacht und seine Lesebrille zusammengefaltet hat, kommt er noch einmal zu uns.

»Aber *natürlich* haben Sie etwas erreicht!«, ruft er euphorisiert und nickt uns übertrieben aufmunternd zu. Er scheint sich ernsthaft zu freuen. »Sie haben sogar *sehr viel* erreicht!« Seine Augen strahlen. «Sie haben es doch schließlich selbst am Anfang so schön zutreffend gesagt! *Thematisierung*«, sagt er langsam, reicht uns zum Abschied die Hand und wedelt mit der anderen so lange auffordernd wie ein dirigierender Chorleiter, bis wir alle mit ihm zusammen den Satz vollenden »... ist der erste Schritt zur Heilung.«

Dank

… an

* Habib. HabiI. AaaaroOn B. I. Welp
  (dem ich o. g. sehr hoffe hiermit ein Fest zu bereiten!),
* die allerbesten Inseln der Welt:
  Anna Strohauer, Aileen Struck und Lena Vossler,
* Fatima (der migrantischen Maria),
* Christian Heinrich,
* alle, mit denen ich über ihre Angstmacher sprechen durfte,

UND

* Hannes Plagemann. Dafür, dass sich nicht nur einiges,
  sondern wirklich alles ergeben hat.

Sarah Kuttner
Mängelexemplar
Roman
256 Seiten. Gebunden

Karo lebt schnell und flexibel. Sie ist das Musterexemplar unserer Zeit: intelligent, liebenswert und aggressiv, überdreht und erschöpft. Als sie ihren Job verliert und mutig ihre feige Beziehung beendet, helfen auch die cleversten Selbsttäuschungen nicht mehr. Plötzlich ist diese Angst da. Sie verliert den Boden unter den Füßen.

Dem Wahnwitz unserer Gegenwart zwischen Partylaune und Panikattacke gibt Sarah Kuttner in ihrem Debütroman eine Stimme: vom Augenzwinkern zum Ernstmachen, vom launigen Plaudern zur bitteren Selbstkritik. Lustig und tieftraurig, radikal und leidenschaftlich erzählt sie von dem Riss, der sich plötzlich durch das Leben zieht.

»Die Psyche ist so viel komplizierter als eine schöne glatte Fraktur des Schädels.«

S. Fischer

Alexandros Stefanidis
Beim Griechen
Wie mein Vater in unserer Taverne Geschichte schrieb
Band 18758

»Knapp vierzig Jahre, sieben Tage die Woche, fünfzehn Stunden am Tag empfingen wir, die Familie Stefanidis, unsere Gäste: Professoren und Halunken, Alkoholiker und Politiker, große Familien und stille Einzelgänger – manchmal auch alle auf einmal. Wir haben gemeinsam mit ihnen Hochzeiten gefeiert, Geburtstage, sogar Parteigründungen, wir haben Scheidungen begossen, Begräbnisse betrauert – und wir haben auf das Leben danach angestoßen. Jassas!«

Der renommierte SZ-Magazin-Redakteur Alexandros Stefanidis erzählt die wunderbare Geschichte seiner Familie, in deren Zentrum sein Vater Christoforos und das Restaurant »Der Grieche« in Karlsruhe stehen. Die erste Familiengeschichte aus der Sicht einer griechischen Taverne.

Fischer Taschenbuch Verlag

Lisa Seelig
Elena Senft
Wir waren jung und brauchten das Gel
Das Lexikon der Jugendsünden
Band 18987

Von Arschgeweih bis Tamagotchi, von Lambada bis
Tutti Frutti – alle Jugendsünden von A bis Z

Jeder hat sie begangen, jeder! Jugendsünden wie XXXL-Pullover, toupierte Haare, idiotische Ferienjobs, ganz zu schweigen von den Fettnäpfchen bei Flaschendrehen und Klammerblues. Hier sind alle Peinlichkeiten versammelt: gruselige Aushilfsjobs als Hostessen, staubige Ansammlungen von Joy-Gläsern, unverwüstliche Kuschelrock-CDs, grauenhafte Baywatch-Poster, vergessen geglaubte Radlerhosen ...

Die größten »Verbrechen« der Jugendzeit – zum Lachen, Erinnern und Schämen.

»Erschütternd und sehr, sehr lustig. Die Gefahr, die eigene Jugend zu verklären, ist damit endgültig gebannt.«
Christian Ulmen

Fischer Taschenbuch Verlag